手取り17万円の勤め人が「僕ちゃん天才」と言い始めたら年2400万円稼げた超成功法則

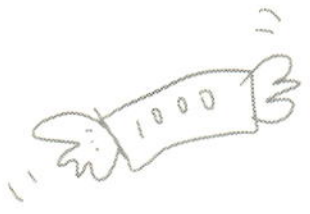

ポール

ダイヤモンド社

はじめに

「日本一自己肯定感の高い不動産投資家」と呼ばれているポールです。

外国人でもなんでもない、純日本人ですが、顔が濃くて外国人風なことから、学生時代にこのあだ名をつけられました。

その後、「なんでポールなの?」と何度も聞かれ、説明するのが面倒になって、「おじいちゃんがイタリア人でクオーターです」とか「日独伊三国軍事同盟のときに日本に引っ越してきました」とか適当なことを言っていたら、信じる人が続出し、いつの間にかこの名前が定着しました。

僕は現在、富山県に住んでいる35歳で、小さな会社の代表をしています。

会社といっても僕一人で、社員もアルバイトもいません。それどころか、オフィスもありません。自宅の一室が僕の会社の事務所です。

働いている時間はサラリーマン時代の10分の1くらい。時間が余るので、YouTubeのチャンネル（天才投資家ポールのお金持ちになるクレイジーマインドちゃんねる）も始めました。超面白いのでぜひ見てください。

そんな僕の仕事とは、「大家さん」です。

2019年6月時点で、僕が所有している不動産は、現金で買った戸建30戸弱と、融資を受けて買った古いアパート2棟、ビル1棟、新築アパート5棟です。このほかに、いま建設中のアパートが2棟あります。

合計すると100室以上で、家賃年収は約4000万円以上になります。この収入から、銀行への返済などを引いた手残り額は毎月200万円ほどです。

自分で言うのもなんですが、富山県の同世代ではお金持ちのほうです。

「35歳で大家さんだって!?　もともとお金持ちの家に生まれたんだろう？」と思われたかもしれません。しかし、違います。

僕の家は地主でもお金持ちでもありません。父は普通のサラリーマン、母は公務員という一般的な家庭に生まれました。親から相続した不動産とか、生前贈与を受けた財産とかはありません。

じーちゃんは昼から酒を飲んでいたアルコール依存症で、昭和の破天荒人間。ねーちゃんは中学校のときにグレて、15の夜に自分で買ったバイクで走りだす、元ヤンチャな女の子。当時はどこにでもある一般的な家庭でした。

先ほど書いた所有物件は、僕が30歳のときに、サラリーマンをしながら始めた不動産投資で取得したものです。

つまり、たった5年で家賃収入が4000万円になったのです！

補足すると、現金で買った激安高利回り物件からの家賃収入で、銀行への返済はほとんどまかなえるレベルなので、ローンがあると言ってもリスクはかなり低い状態です。

それだけでなく、いま売りに出せば、買ったときよりも高く売れる物件をたくさん持っています。含み益があるわけです。

借金で首が回らないどころか、グルグル回りまくりです。

「ポールに特別な才能があったからだ」と思ったあなた！

正解です。

僕には才能があり、圧倒的な天才だからできた、ということに間違いありません。

でも、あなたには同じことができないかというと、そんなことはありません。

天才になれば、できます。

実は、すでにあなたは天才で、なんだってできるはずなのですが、そのことにまだ気づいていないだけなのです。

この**「自分の中にある天才に気づく」**ということをこの本では詳しく紹介していきます。キーワードは**「自分にはできると信じる気持ち」**です。それが、天才を育てる種のようなものだと思ってください。

手取り17万円の勤め人が「僕ちゃん天才」と言い始めたら年2400万円稼げた超成功法則

目次

第4章　自己肯定感が高くなる考え方

第5章 自己肯定感を上げる習慣と言葉の使い方

第6章 なりたい自分になるためのアクション

第8章　世の中はお金をつくる方法であふれている

第9章　クレイジーマインドで不動産投資！

序章

「金持ちになりたい！」その夢を叶えるために僕がしたこと

僕が「自分の中にある天才」を活かすことで、なりたい自分になれるようになったストーリーをざっと紹介します。

僕がなぜ、たくさんの夢を叶えられたのか、ちょっと考えながら読んでみてください。

前職は児童養護施設のサラリーマン

僕は児童養護施設の児童指導員として、普通にサラリーマンをしていました。

「児童養護施設」とは、いわゆる元「孤児院」です。『あしたのジョー』や『タイガーマスク』に出てくるような、家庭の事情によって親と別々に住むことになった子供たちが生活する施設です。

「養護学校」と混同されがちですが、学校ではありません。

昔は「寮母さん、保母さん」と呼ばれた仕事が、いまは児童指導員、保育士という名前になっています。その仕事をしていました。

もともとは戦争孤児を保護するためにできた施設でしたが、現在の入所原因は半分以上が親からの虐待です。

「虐待を受けた児童が児童相談所に保護されて……」というニュースを一度は耳にしたことがあると思います。そういう子供たちは、児童相談所に保護されたあと、生活の場として児童養護施設に移っていきます。3～18歳までの子供たちが共同生活をし、そこから学校に通っています。

児童指導員がどんな仕事をしているかというと、親代わりなので、朝、子供を起こし、ご飯を食べさせて、学校に行かせます。子供たちが学校に行っている間に、掃除や洗濯をします。

学校ではほぼ毎日、誰かがトラブルを起こすので、学校を訪問し、必要があれば迷惑をかけた方に謝りに行きます。

子供たちが帰ってきたら宿題を見て、ご飯を食べさせて、お風呂に入れて寝かしつける。それを三交代体制でこなしていました。

施設では、ドラマのような想像を絶するトラブルがめちゃめちゃ頻繁に起こります。

暴力や暴言で親からコントロールされていた子供は、同じようなやり方で他人をコントロールしようとします。

その子供たちが生まれつき、そういう性格だったのではなく、人から優しくされたことがないために、人に優しくする方法がわからないのです。それゆえ、人とのコミュニケーションに問題を抱えているケースが多く、いつもどこかで問題を起こしていました。

ほとんどの子供たちに親御さんがいましたが、親御さんが施設にやって来て、そこで問題行動を起こすこともありました。

怒鳴《どな》りつけられるのは日常茶飯事でした。命の危険を感じたことは何度もあります。

僕は体が大きく、「何があっても自分は大丈夫」と思っているので、どんなタイプのトラブルが起きても比較的落ち着いていられました。

でも、女性の職員さんなどは泣いて帰ってしまって、その日からもう二度と職場に来ないこともしょっちゅうありました。

そんなときは住み込み状態です。家に帰らず、あちこちを駆けずり回って用事を済ませたり、問題を解決したりしていました。

業界全体が「やりがいのあるブラック企業」といわれており、当時の3年以内の離職率は50%以上にもなります。普通のまじめな人が燃え尽きて鬱《うつ》になって辞めていきます。僕が13年勤めて辞めるときも、会社に先輩は一人もいませんでした。

「自分なら、なんだってできる」が原動力

「なぜ、児童養護施設の先生になろうと思ったの？」とよく質問されます。

高校生のとき、遊びに行った友達の家の近所に児童養護施設がありました。実はそこが、のちに勤めることになる児童養護施設です。

当時、児童養護施設は、外からハッキリとわからないように建てられていました。外観は普通の保育園のような感じです。その頃、くるくるパーの高校生だった僕は、友人に「ここ何？」と聞きました。

「親と別々に暮らしている子供たちが住んでいるところ」

「えー！　こんな施設が富山県にあるの!!」

大きな衝撃を受けました。家族からものすごい愛情を受けて育ち、「僕の家の環境が普通の家庭」と思い込んでいたので、「家なき子」のような話はドラマの中だけで、現実にはないと思い込んでいました。

「よし、将来、ここの先生になって、愛を知らない子供たちを僕の愛の力で変えてやるぜ（キラッ）」と決意し、児童養護施設の先生になることを目標にしました。

そして大学へ行き、念願だった友達の家の近所にある施設の先生になったのです。

やりがいはあるけど、お金がない

ところが、就職してみると、厳しい現実が待っていました。

三交代勤務で、給料は手取り17万円。職員がすぐに辞めていくというハイパーブラック企業だったのです。

最初は仕事に楽しさを感じていました。口数の少なかった子が笑うようになったり、暴れん坊だった子が少しずつ落ち着いてきたり、やりがいも感じていました。

でも、あるとき、気づいてしまったのです。


「遊ぶお金が全然足りない！」ことに。


一生懸命働いても、お金が全然ないのです。

公務員の母親に「働いているのに金がない」と相談すると、「最初はみんなそう。あとから給料がだんだん上がっていくから、いまは我慢していればいいのよ」と言われました。

その当時は「ふーん」と思っていました。

しかし、これは、僕に堅い仕事を続けてほしいと願う保守的な母が仕掛けた罠《わな》でした。

実際、そんなことはなかったのです。正確にいえば、母の時代は給料も右肩上がりで、年金もばっちりもらえるような努力が報われる時代でしたが、僕らの時代にはそんなことはファンタジーでしかありません。

子供の頃から、なんとなく「お金持ちになりたい」と思っていた僕は、がんばって働いていれば、そのうち裕福な暮らしができるのかなと漠然と思っていました。でも、どうやら違うようなのです。

あれ？　先輩も僕の給料とそんなに変わらない額しかもらっていないみたいだ。

ヤバい。このままでは、お金持ちになれないかもしれない……。

しかし、**僕は自分で決めたことは絶対にやりたい**人間です。

自分がやりたいと思っていることは、どうしても叶えたいんです。

自分で自分のチカラを信じている！

絶対お金持ちになって、幸せになる資格がある！

自然と、そんなふうに思っていました。もちろん、いまでもそう思っています。

サラリーマンをしていたら絶対にお金持ちになれない？

というわけで、「お金がないなら、稼ぐためにもっと働けばいいじゃん」と、勝手にアルバイトを始めました。

昼は土木系のアルバイト、夜はキャバクラのボーイやダーツバーの店員などをして、チャラい感じでブイブイ言わせていました。

本業が三交代勤務なので、夜勤のときは昼のアルバイトをして、日勤のときは夜のアルバイトをしました。若かったので、朝から朝まで寝ずに働いても平気でした。

僕は車が好きなので、アルバイトで稼いだお金でカッコいいアメ車を買うこともできました。

ところが、そんな生活を数年続けていたら、思わぬ出来事が起きたのです。

その日は、雪の中で土木工事の作業をしていました。休憩のとき、雪の上におしっこをすると、いつもだったらレモンのかき氷になるのに、そのときはイチゴのかき氷になっていました。血尿が出たのです。

いやあああああああああああああ。

僕ちゃん、死んじゃう！

一人で叫び声を上げ、急いで病院に行くと、「働きすぎです」と告げられました。

気持ちとしては全然つらくなかったのですが、体は正直でした。

このままでは死んでしまうと思い、方向転換をすることにしました。

もちろん、ここで**お金持ちになることをあきらめるという選択肢はありません**。体を使う方法以外で、何か稼げる方法はないかと、パソコンで「お金持ちになる方法」を検索しはじめました。

いろいろ調べていくうちに、衝撃的なことがわかったのです。

「このままサラリーマンをしていても絶対にお金持ちになれない」

なんと、サラリーマンをしていたら、一生お金持ちになることはないと、多くのサイトに書いてあるではありませんか。

がんばって勉強して大学に行き、社会福祉士という資格も取ったのに……。うすうす感じてはいましたが、それが真実だと知り、ガッカリしました。

それと同時に、なるほど、だから僕は働きまくっているのに貧乏なのかと、やっと理解できました。

そうとなったら、サラリーマン以外の道で、お金持ちになる方法を探さなければいけません。しつこいようですが、**お金持ちになることをあきらめるという選択肢はありません。**

その後も、ネットでお金持ちになる方法を調べまくっていると、「不動産投資」というものを知りました。

同じ富山に、株と不動産投資で成功されている吉川英一さん（いまでは大師匠）や、僕より若いのにサラリーマン大家として活躍中の「ふんどし王子」（ハンドルネーム）がいて、投資やお金についてブログを書いているのを見つけました。
最初に吉川英一さんを見つけたとき、僕は株式投資で100万円近く溶かした過去があったので、株でも成功していた吉川さんに対して素直になれないところがありました。「吉川さんは株で成功したお金を不動産投資に入れたんだな」と、自分で勝手な理屈をつけて、斜に構えていました。
しかし、そのすぐあとに、ふんどし王子を見つけて調べてみると、彼は吉川さんの自称弟子ながら、僕と同年代で、なんと同じ市内に住んでおり、隣の中学校出身で、高卒の工場勤務、FXで200万円を溶かしているのに、21歳から不動産投資を始めているという、僕とあまり変わらない境遇でした。

「この人にできたのなら、僕にもできる！」

そう思った僕は、即行で「不動産投資でお金持ちになる」ことを決意したのです。吉川英一さんとふんどし王子には心から感謝しています。

他人の声よりも、自分の気持ちを優先して夢を叶える

僕が不動産投資の勉強を始めたとき、まわりに賛成してくれる人は誰もいませんでした。

「ほかのみんなだって、少ないお給料でやりくりしているのだから……」

「このご時世に、仕事があるだけでもありがたいと思いなさい」

「大きなことを考えるのではなく、小さなことをコツコツやっていくのが成功の近道」

「不動産投資？　それでお金持ちになれるなら、全員やっているよ」

「サラリーマンが不動産に手を出したら、食い物にされるだけだ」

「お前なんかがうまくいくはずがない」

「不動産投資は金持ちや地主が道楽でやるもんだ」

確かに一理あると思います。「そのとおり！」と感じた人は、そうすればいいと思います。僕は完全に相談する人を間違えていました。でも、そういうときは、こう思っていました。

聞く人間を違えた。やってない人に聞いても意味ないわ。成功している人に聞かなかった自分がバカでした。

自分のやることは自分で決める。

僕はやりたいことを必ず実現させる。無理だと言われれば言われるほど燃えてきました。

それに僕ちゃん天才だから、不動産投資だって絶対うまくいくと信じている。

やったことのない人たちからのアドバイスはまったくの無視です。

そして、本やブログを読み漁《あさ》り、投資家のセミナーや勉強会に参加し、先輩投資家たちからたくさんのことを教えてもらいながら、不動産を買い進めていきました。

みなさんは、誰かに相談するとき、成功している人や目標にしている人に相談しましょうね。やったこともない人に相談することほど、時間の無駄はありません。日本人のサラリーマンの9割以上はドリームキラー（夢や目標達成を邪魔する）の思想なので、何かをやりたいときには注意しましょう。

不動産を買うには貯金が少なかったので、種銭をつくるために、メルカリで物販をするなど、さまざまな副業もしました。

途中、数えきれないほどの想定外の出来事も起こりましたが、僕はそれを**失敗とは思いません**でした。

そもそも成功の反対は失敗ではありません。**成功の反対は何もしない**ことです。成功と失敗は同じベクトル上にあり、**失敗の向こうに成功がある**のです。このことを知らない人がとても多くいるようです。

そして、スタートから5年で家賃収入が年４０００万円になり、僕は「お金持ちになる」という目標を達成したのです。

第1章

お金持ちの特徴は「自己肯定感」にある

不動産投資を始めてから、サラリーマン時代とは桁違いの成功者に数多く出会いました。そして、爆発的な勢いのある成功者には、ある共通点のようなものを感じました。

それは、自分を内側から突き動かす「信念」のようなものがあり、その信念からくる**「行動力」**と**「爆発力」**のようなものです。

それは、僕にもあるような気がしていましたが、実際にありました。

僕はそのパワーが人より多いようで、自分で**「クレイジーマインド」**と言っています。「不可能も可能にする、なんだってやり遂げる魔法のマインド」といった感じで使われています。

幸せなお金持ちの多くは、そうしたマイン

ドを持っています。そのマインドの一部は、**「自己肯定感」**と言われるものでできています。

人間を突き動かす「自己肯定感」とは何か？

みなさんは自己肯定感という言葉を知っていますか？

児童養護施設業界、精神福祉業界ではよく使われる言葉です。最近はメジャーになりつつあり、書店でもよく目にするようになってきました。

簡単に言うと、自己肯定感とは、**「自分はありのままでいいんだ」「自分は生きているだけで価値がある」という感覚**のようなものです。

自己肯定感が高い低い、強い弱いなどと表現します。

「生きているだけで価値がある」という感覚なので、何かを達成したり、何かを成し遂げたりして身につけることもできますが、単純にそれだけではありません。

自己肯定感が高い人は、「自分は生きているだけで価値がある。だから、自分にはなんだってできる」と考えるので、なんにでもチャレンジしていき、自分はどんどん幸せになっていいと思っています。

一方、自己肯定感が低いと、何かを達成しても「今回うまくいったけど、次は失敗するんじゃないか。たまたまじゃないか。ほかの人はもっとうまくやっているんじゃないか。それと比べると、全然ダメだ」と考えてしまい、いつまでたっても幸せを感じることができません。

自己肯定感の高い人は**「俺って最高」と思っているので、新たに何かを得なくても幸せはすでに手元にあります。**

逆に、自己肯定感が低い人は大金持ちになっても、「お金があるから自分にも価値がある。お金がないと自分の価値はない」と考えしまうので、相対的な幸せしか感じられません。常に人と比較して「お金がないやつは人としての価値がない」とまで思います。なんなら「こんな自分がお金持ちになってはいけない。なれるはずがない。お金を稼ぐのは悪いことをしている人だ」とすら思っているかもしれません。

もうおわかりのように、**「自己肯定感」は、人生を幸せに送るために一番必要な感覚**なのです。

僕が初めて「自己肯定感」という言葉を知ったのは、児童養護施設で働いているときでした。

研修などに行くと、この言葉が頻繁に出てくるのです。

自己肯定感は、子供の頃、主に3歳までに受けた愛情の量に比例して高くなる、といわれます。3歳までに受けた愛情で自己肯定感の大きさが決まり、その上にしつけや教育、挑戦する心などが積み上がっていくのです。

言い換えると、自己肯定感は**「心の土台」**

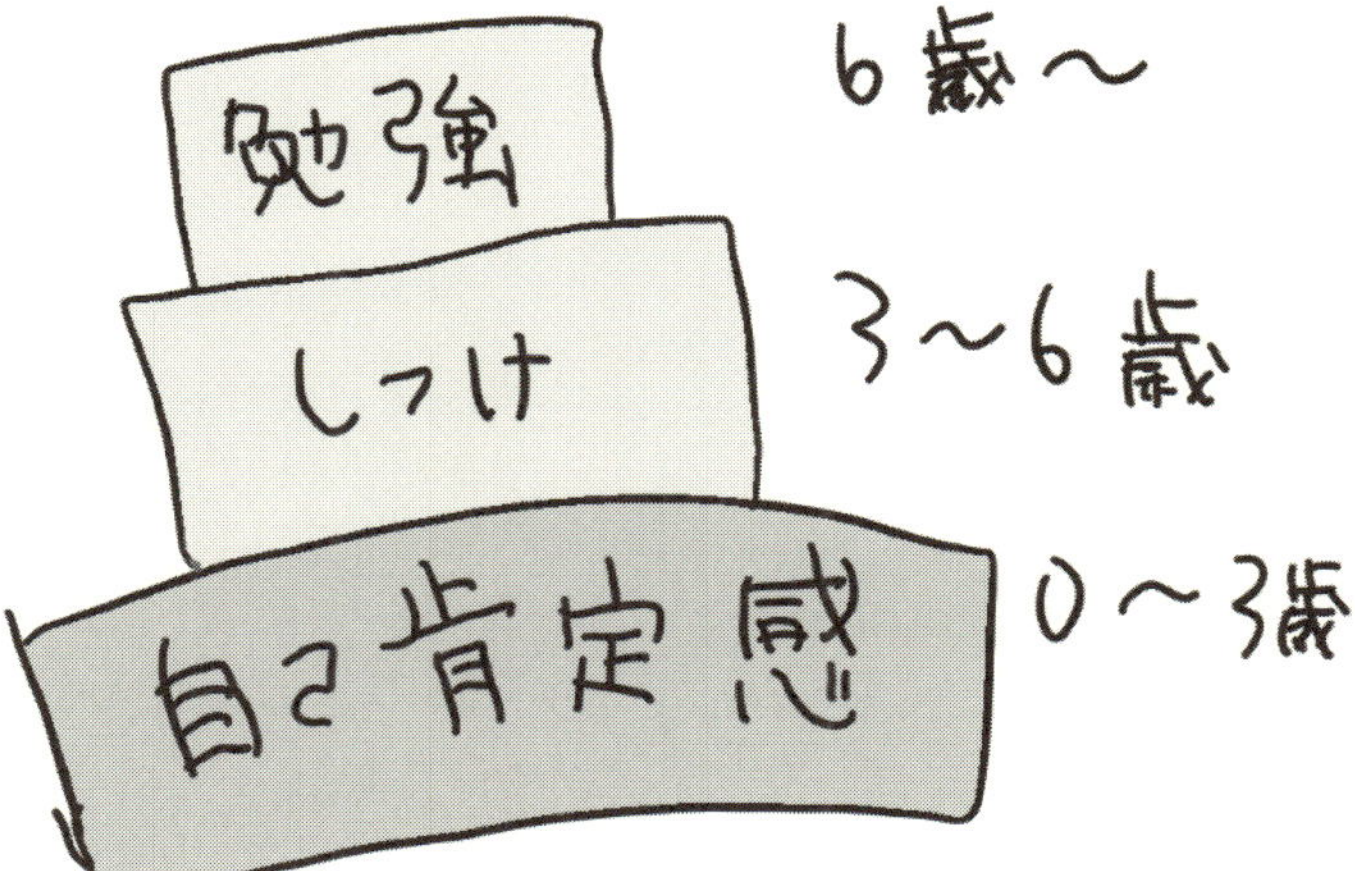

です。

この自己肯定感が大きければ大きいほど、高い壁に立ち向かっていく挑戦する心が育まれます。

逆に自己否定感の強い人は、この土台がないので、いろいろなものを積み重ねていくことができません。そのため、高い壁が目の前に現れると、「どうせ自分には乗り越えられない」とあきらめてしまうのです。

児童養護施設の研修では、「子供たちが暴れる原因は自己肯定感が低いからです。自己肯定感を高めることができれば解決することができます。自己肯定感を上げることから始めましょう」と何度も言われました。

そういった研修を何度も受けて自己肯定感を深く学ぶうちに、僕はあることに気づいたのです。

「あれ？　僕って、自己肯定感が超高いのでは？」

一般的に、自己肯定感の高さは子供の頃に両親に愛された量に比例すると書きましたが、僕自身はものすごく愛されて育ったため、自己肯定感が日本人離れしていて、「クレイジーマインド」と言われるほどにまで育ったのです。

どのくらい愛されているかというと、いまでも僕が実家に帰ると、身長185センチメートルはある、胸毛ボーボーの65歳のビンラディン似の父親は、「おー、俺の大好きなかわいいポールが帰ってきた。俺はポールが大好きなんだ。嬉《うれ》しいなぁ」と、1日に100回くらい言ってきます。

ちなみに、僕がいま住んでいるところは、実家から徒歩10分です。いつでも会える距離ですが、この歓迎ぶりです。

自己肯定感が高いと、どうなるのか

はっきり言えるのは、**「幸せな人生を送るために一番必要なものは自己肯定感である」**ということです。

僕は「日本一自己肯定感の高い不動産投資家」と呼ばれていますが、本当に毎日生きているだけで楽しいです。とてもバカっぽい発言ですが、まわりのみんなにも「毎日、楽しそうでうらやましい」とよく言われます。

実際に、**毎日、嫌なことが起きません。**

正確に言うと、どんなことが起きても「嫌だと思わない」のです。

よく「自己肯定感ってポジティブのことでしょう?」と聞く人がいますが、そうではありません。

ポジティブというのは、**自己肯定感の土台の上に乗っかっているもの**です。自己肯定感があるから、ポジティブな考え方が自然にできて、ますます楽しくなっていきます。

この土台がない、つまり自己否定感の強い人は、自己啓発本などを読んで一時的にポジティブな考え方を身につけたとしても、長続きしません。そのうち、「どうせ自分には無理だ」「あの人は特別なんだ。自分にはできない」と、自分を否定する自分に戻ってしまいます。「ポジティブにならなきゃ」と無理をして自分を苦しめることになるかもしれません。

でも、自己肯定感が高い人は、ニュートラルな状態が「俺は運がいいよなあ」「トラブルがあってもどうせ解決できる」という思考なので、一時的に落ち込むことがあったとしても、すぐに「今日も楽しいなあ」という状態に戻れます。

ストレスに強く、すぐ立ち直れる

自己肯定感が高いと、**ストレスやプレッシャーに負けずに、前向きに生きられ**

ます。

僕も子供の頃から好奇心旺盛で、なんでも挑戦しまくり、その挑戦したことを乗り越えるまであきらめずに熱中していました。

興味を持ったものはなんでもやってみたいということで、親は大変だったと思います。反対せずに、なんでもやらせてくれた親には感謝しています。

離職率の高い児童養護施設業界で先輩・後輩が全員辞めていく中、長く生き残ってこられたのも、この自己肯定感の高さにあると思っています。

暴れる子供たちを相手に毎日仕事をするだけでも疲れるのに、陰湿ないじめのようなことがあったり、派閥争いのようなくだらない騒動があったりする職場でした。そういう環境に置かれたとき、自己否定感の強い人は、あるがままの自分を受け入れてもらえないと思い込んでしまいます。人の目を気にして、人に嫌われないように行動します。

「嫌だけど、本当の気持ちを言ったら、みんなに嫌われてしまうかもしれない」
「あの人に目をつけられたらまずいから、ここは我慢しておこう」

こういうふうに自分の感情を抑えつけて、なかったことにしてしまうのです。

当然、ストレスが溜《た》まります。

その結果、「この子供たちのために、何か自分にできることはないか」と志高く入社してきた人たちも、真面目であればあるほど現実に耐え切れなくなり、精神を病んで離職していくのです。


一方、自己肯定感の高い人（僕のこと）は、**自分の意見をストレートに伝える**ことができます。しかも、人に嫌な感じを与えずに伝えることができます。

自分を信じているので、何を言っても嫌われないだろうし、嫌われたところで別に気になりません。だから、ストレスを溜めることなく、なんでも発言できます。

そういう意味で、自己肯定感の高さとは**「自分の心に正直に生きられること」**と言えます。

自己肯定感が低い人は、人に気を使って発言するので、変な言い方になったり、内容が変に伝わったりします。

自己肯定感が高い人は、ストレス耐性やストレスに対応する力があるのです。

嫌なことがあっても、それは自分の価値とは関係がなく、大丈夫だと思っているので、引きずりません。

僕の場合、「あんな人たちのために自分の楽しい時間を邪魔されるのはもったいない。さっさと気持ちを切り替えて、アルバイトに行こう！」と思って、仕事が終わると、お金を稼ぎに出掛けていました。

家に帰っても、会社のことでクヨクヨ悩むことはありません。

仕事は自分のほんの一部であって、仕事が人生のすべてではありません。ですから、仕事でトラブルが起きたり、嫌なことがあったりしても、それで自分のメンタルが削がれることもあまりありませんでした。自分の価値観で生きており、他人の価値観では生きていません。

他人を大切にできるので、人間関係がうまくいく

自己肯定感が高い人は、自分を肯定しているため、人の目を気にせず自分の主張を堂々と言えます。実際にそれで嫌われることはありません。というか、嫌われるような変な言い方をしません。

どうしてかというと、自分を認めている状態では、基本的に相手を責めることはなく、相手を認めやすくなっているからです。「罪を憎んで人を憎まず」ではありませんが、注意するときでも、相手を傷つけるような言い方はしないのです。

「お前はどうして、みんなに迷惑をかけるんだ。前にも同じことを言われただろう？　この仕事に向いていないんじゃないか？」というような相手の人間性を否定する言い方は絶対にしません。このような言い方をする人は、きっと自己肯定感が低く、自分よりも立場を下に置き、相手を攻撃してマウントをとることで自分の心を保っているのだと思います。

もしかしたら、自分がこのように言われて成長してきたせいで「自分の中では正しい言葉」として気づかないうちに認知され、この言葉を否定されると、自分の過去も否定されてしまうというような深層心理が働いているのかもしれません。

自己肯定感が高い人は、注意という感覚よりも、**「相手にわかりやすく伝える」**という感覚で話します。叱責《しっせき》されるわけではないので、言われたほうも「あ、そうか、なるほど」と納得しやすくなります。

なぜ、こんなことができるのかというと、**自己肯定感が高い人は愛情をたくさんもらって育ってきたので、人にも愛情をもって接することができる**からです。

人間は誰でも、自分が「普通」だと思っています。

つまり、自己肯定感が高い人（自分に価値があると思っている人）は、「自分はこれでいいんだ。自分自身の価値を認められるので、他人の価値も認められる」と思っています。多様性を認めているわけです。

そのため、**他人の人間性を否定するようなことは言いません。**

自己肯定感が低い人は、自分で自分を認めていないので、他者からの評価が気になります。自分が上になるか、他者を下に置くことによって、自分の立ち位置を確保するのに必死です。それをしないと、自分の存在意義すらなくなってしまうのではないかと恐れています。

人は言葉の奥にある相手の好意を無意識のうちに感じ取ります。相手が「この人は俺のことを嫌いで言っているわけじゃない」とわかれば、それほど関係は悪くなりません。そのため、**自己肯定感が高い人は人に好かれ、敵をつくりにくくなります。**

自己肯定感が低い人は、他人の顔色やご機嫌をうかがい、自信がないので、変な態度だったり、変に気を使ってしまったりして、損な役回りをさせられることが多いようです。

僕も職場では人の3倍は仕事をして、好き勝手にやって、自分の言いたいことを言っていましたが、なぜかまわりの人から慕われて、どんどん出世していきました。

そういえば、サラリーマン時代に、後輩が「キャバクラに行ってみたい」と言うので、「一緒に行くか?」と誘うと、「ポールさん、実は僕、童貞なんです」と告白されて、「なんで、このタイミングで言うの?」と爆笑したことがあります。「それは、キャバクラに行くのに関係ないだろう」と思いましたが、自己肯定感が高い人がいると、まわりの人は自然と心を開いていくのだと思います。

他人の視線が気にならなくなる

自己肯定感が低い人は、人の目を意識して他人から評価されたいと強く思うため、他人と競い合い、他人よりも上に行くことで自分を認めてほしいという気持ちがあります。

一方、自己肯定感が高い人は自分で自分を認めているので、誰かと競う必要はなく、**ライバルは常に自分**です。自分の中にある許されないポイント、納得できないところを超えていきたいと思う気持ちがあって、常に自分を成長させていくのが自己肯定感の高い人です。

もちろん、負けず嫌いで、あの人に勝ちたいと思うこともあります。しかし、それは結局、負けている自分に納得できないからです。つまり、自分自身に勝ちたいという気持ちの裏返しでもあるのです。

不動産投資業界にも、他人の目を気にしている人たちがいます。

サラリーマン大家の一つの目標として、サラリーマンをリタイアするということがありますが、別に全員がそこを目指さないといけないわけではありません。自分がどうなりたいか、どこに行きたいかを明確にして、オリジナルの目標設定をできる人は自己肯定感が高いと思います。

他人と競い合ったり、規模を競い合ったりするような人は、もしかしたら自己肯定感が低いのかもしれません。それをアピールすることで、まわりの人に認められたいという気持ちがあるのかもしれません。

僕は基本的に**誰とも競いません**。人に何かを言われても気になりませんし、他人のことは基本的によくわからないので、**自分の人生は好きなようにやればいい**と思っています。

もちろん、ハングリー精神が成長させるということもあるので、他人を目標にしたり、ライバルと共に切《せっ》磋《さ》琢《たく》磨《ま》することも時には必要かもしれませんが。

自分のルールで生きていると、よいアドバイスがもらえる

僕は、**常識が一切通用しない自分だけのルールで生きています。**

よく、そんなことをやってはダメだとか、こうあるべきだという、自分の概念を押しつけようとする人がいますが、それはこれまで通じてきた自分の中の常識であって、これからはその常識が通用しないかもしれません。そのことをよく理解していかなければいけないでしょう。

そもそも、常識というのは、それを発言した人にとっての常識であって、**僕の常識ではありません。**

そして、**他人に自分の考えを押しつけるという発想が非常識**です。結婚している人や恋人がいる人は、パートナーから意見を押しつけられて嫌だと思っているかもしれませんね。

児童養護施設で働いていたときに嫌だったのが「先生の言うことを聞けるのがよい子、先生の言うとおりにできないのが悪い子」と決めつける職員です。児童養護施設では、児童一人一人と向き合い、子供を認め、心のケアをし、自己肯定感を高めることが大切な仕事なのに、その職員は「子供に（強制的に）言うことを聞かせられるのが指導力のあるよい先生」という主張をしだしました。まさに自分の考えを相手に押しつける発想です。もはや時代にそぐわない教育論でしかありません。

もちろん僕は、子供たちの気持ちを尊重して、彼らとの関わりを重視したほうが結果的にうまくいくということを若い職員たちに教えていました。子供たちをむやみに怒鳴り、怖い先生になって、言うことを聞かせるのはまったく意味がありません。そうした態度をとっていると、子供が思春期になった頃に必ず反撃され、何倍にもなって返ってきます。

僕は児童養護施設の職員を13年しかやっていませんが、何度もそのような光景を見てきました。子供たちが言うことを聞くのは、その先生と信頼関係ができているからか、その先生が好きだからです。嫌いな先生の言うことは誰も聞きたくありません。これは大人でも一緒です。

他人に自分の意見を聞いてほしいなら、まずは相手を認め、耳を傾け、信頼関係を構築するのが一番いいと思います。

話がやや脱線したので、元に戻しましょう。

僕は信念や自分でやると決めたことは変えませんが、いいアイデアが浮かんだりすると、言ったことが1秒後には変わるような人間です。その場その場で感じたことに従って、素直に行動しているだけです。

常に**「その瞬間を生きている」**ということです。

もちろん、他人にどう思われようが、一切関係ありません。従うべきは、他人の「こうあるべき」ではなく、自分の気持ちです。

ただし、他人の言うことを一切無視するという意味ではありません。尊敬する人の言葉は、スポンジのようにぐんぐん吸収します。ほかの場合でも、**もちろん耳を傾けます。**

そうすると、**多くの選択肢の中から、自分がいいと思うものを選択する**ことができます。

その「自由」が自分の側にあるということが一番心地いいと感じています。

ところが、自己肯定感が低い人は、自分に意見をする人の言葉を最後まで素直に聞き入れるのが苦手です。

虚勢を張るのが精いっぱいで、無駄なプライドが高く、自分を自分で否定しているので、他人を認められません。だから、素直に人の意見を聞き入れることができないのです。

何か言われると、「でも」「だって」「じゃあ」「俺は悪くない」「あいつのせいだ」「こいつの意見は認めない」などと警戒してしまいます。そうするのは、自己否定している心を保つために仕方のないことなのかもしれません。

相手が明らかに自分より上の立場だと、その人に媚《こ》びたり、反感を持っているのに自分の意見を言えなかったりします。

あとからアドバイスをくれた相手を批判して、自分のほうが下ではないとマウンティングをしようとすることもあります。

そんな相手に、何かを教えてあげようと思う人はいません。

そのため、自己肯定感が低い人は、よいアドバイスを聞ける機会が少なくなってしまうのです。

自己肯定感が高いと、まわりの人から好かれる

自己肯定感が低くなると、過剰に媚びたり、謙虚になりすぎたり、変に空気を読みすぎたりして、気を使いすぎることがあります。そして、自己肯定感の低い人は、他人と比べて自分を評価するということに陥りがちです。

自己肯定感が高い人は、基本的に自分で自分を認めているため、他人と比較する必要がありません。

僕くらいに自己肯定感が高くなると、**人に嫌な感じを与えずに「天才なんです」と言うことができます**。僕は自分で自分を肯定しているため、恥ずかしいという感覚がなく、堂々となんでもしゃべることができます。

誰とも競争しないので、他人のこともどんどんほめます。

人は自分をほめてくれる人に好感を抱くものです。だから、自己肯定感の高い人は、ま

わりの人から好かれます。

自己肯定感が高いと、失敗してもすぐに立ち直るため（レジリエンスが強いと言います）、そうでない人たちからは「メンタルがすごい」と尊敬されることもあります。

そんなことから、自己肯定感が低い人たちは、自己肯定感が高い人に劣等感やあこがれを持っていることが多いのですが、実は、そうした「他人と比較する」ことが、自己肯定感の低さの原因の一つになっているのです。

本当はそのままの自分を誇ればいいのですが、それができないでいます。そうした自分の殻を破る方法についてはおいおい紹介します。

巡り巡って運がよくなる

僕は自己肯定感の低い子供たちに、「君にはいいところがたくさんあるんだよ」「幸せになっていいんだよ」「世の中は楽しいことがたくさんあるよ」ということを伝えたくて、児童養護施設の職員をしていました。

職員がどんどん離脱していく中、元気に働くことができたのも、自分自身が自己肯定感でいっぱいだったからです（ポールは何も考えていないからだと言う人もいますが）。心の中に噴水のように自己肯定感や自信が湧いていたので、それを人に伝えて、分けてあげたくなったのです。

「僕には幸運なことしか起きない。人生ずっとツキまくっている」と思っています。いまこうして不動産投資で成功して本を出せるのもツキまくっているからです。

この**運というのは、ある程度、コントロールできる**と思っています。

まわりの投資家さんもみんな運がよくツキまくっています。この運がないと、投資家としてだけでなく、何をしても成功しないでしょう。ツキを持っている人はツキを持っている成功者に囲まれているのも事実です。

これもまた自己肯定感に関係しています。

はっきり言うと、自己肯定感が高い人はツイていて、自己肯定感が低い人はツキがないのです。

例えば、欲しかった物件に一番手で買い付けを入れたのに、それを横取りされたとします。不動産業界ではよくあることで、長くやっている人なら一度や二度は経験することです。僕も何度か経験があります。このとき、自己肯定感が低い人だと「あぁ、なんてツイていないんだ。運が悪いな。欲しかったのに最悪だ」と思うでしょう。

では、自己肯定感が高い僕ならどうかというと、「横取りされた！ 許さん！ もっとビッグになって、あの業者を超えて、あの業者から横取りしてやる。倍返しだ。僕の心に火をつけてくれてありがとう」と真剣に思っていました。**一見、不運な出来事にも思えることでも、自分の中でプラスに昇華させ、さらに爆発力に変換する**ことができたのです。

自己肯定感が低い人は過去にとらわれ、自己肯定感が高い人は未来を見据えて行動する、ともいえるでしょう。もしダメだったとしても、次の行動に移ることができるので、チャンスの回数が増えます。チャンスが増えれば、うまくいく可能性が増え、自ずと成功する数も増えていきます。傍《はた》から見ると、それはツキがあるように見えるのです。

また**ツキのなさは伝染します**。ツキのある成功者たちはツキのない人には近づこうとしません。自己肯定感を高くしてツキを引き寄せていくと、まわりにも成功者が増えていきます。

日本には「情けは人のためならず」という諺《ことわざ》があります。

これは、「情けをかけると、その人のためにならない」という言葉ではありません。人に情けをかけてあげると、巡り巡って自分の元に返ってくる。だから、人への親切は、結局、自分のためになるんですよという意味です。

ときどき、いまの僕がツキまくっているのは、これまで困っている人を応援・サポートしてきた経験が多いからかもしれないと思うことがあります。

児童養護施設の先生という仕事自体がそうですし、大家業でもそうです。施設を出たけれど保証人を用意できず、行くところのない子供たちや、ワケありで部屋を借りられない人たちを受け入れています。

もちろん、見返りを期待して児童養護施設の先生になったわけでもありませんし、タダで困っている人に部屋を貸しているわけでもありません。

でも、僕には、ほかの人から見ると、**信じられないようなラッキーが舞い込むこ**

とがよくあるのですが、そういうときは、自分のやってきたことが戻ってきたのかもしれないと、ありがたい気持ちになってきます。

僕の尊敬する「富導算塾」塾長の言葉に「人間、〝おにぎり〟が大切だ。恩、人、義、理、この〝**恩《お》人《に》義《ぎ》理《り》**〟だ」というものがあります。また、ふんどし王子の本にも**「与えた恩は水に流し、受けた恩は岩に刻み込め」**と書いてあり、そのとおりだと思いました。

こういう人間の本質的なものを大切にしていきたいですね。

自己肯定感がマックスになると、奇跡が起きる

自己肯定感が高いことが、幸せに生きること、夢を叶えることに深く関係があることがおわかりいただけたと思います。

そして、**自己肯定感がマックス**になると、どうなるでしょうか。それが、いまのぼくの状態です。

もう**気分は無敵の状態**になります。

自分は天才だと認識しているので、基本的に自分が挑戦することに不可能はないと思っています。

自己肯定感が低い人は、どうせ自分にはできないと最初から失敗を恐れ、失敗したら大変なことになると勝手に思い込んで、挑戦すること自体をやめてしまいます。

しかし、自己肯定感が高い人は、**「失敗とか成功とかより、興味のあることにいますぐ挑戦したい！」**という気持ちが抑えきれません。どんどんチャレンジします。

もちろん、失敗もたくさんあります。ただ、自己肯定感の高い人にとって、**失敗は単なる人生の通過点であり、一つの経験でしかありません。**

すでに書きましたが、成功の反対は失敗ではありません。成功の反対は「何もしない」ことです。失敗というのは、成功と同じベクトル上にあり、失敗の向こう側に成功があります。このことを自己肯定感が高い人は本質的に理解しています。

だから「失敗したらどうするんですか？」という質問をよく受けますが、そういう発想自体がなくて、「失敗するかもしれないけど、とりあえずやってみよう。失敗しても死なないからいいや」と、一気に**死なないレベルなら、なんでもOK**の状態になります。

サラリーマン時代に遊ぶお金が欲しくて、アルバイトをかけもちしていた当時、僕は「みんなもやればいいのに」と思っていました。まわりの人は誰もそんなことをせず、いつも「金がない」と愚痴《ぐち》るだけでした。現状を打開しようと挑戦をする人は誰もいません。

肉体に限界がきて血尿が出てからは、メルカリやヤフオクを使った物販を始めました。未経験でしたが、ネットや本で情報を集めてやってみたら、1年で500万円くらい稼げるようになりました。

そして不動産投資を始めて5年で家賃年収が4000万円になり、会社を辞めて、世界一周旅行にも行きました。

ブログでその様子を発信していると、全国からセミナー講師として呼ばれるようになり、本まで出せることになりました。

自分で言うのもなんですが、**素晴らしい進化**です。たぶん天才です（笑）。

このように、自己肯定感が高いと、ほかの人が「無理だ、不可能だ」と思うことも、失敗を繰り返しながらですが、達成することができます。達成するまで試行錯誤してあきらめません。

僕はそういうとき、よく自分で「これができたら奇跡じゃない?」と発言していました。まわりの人たちは半ば呆《あき》れていました。そして、困難の末に達成したら、「俺は天才だ」とつぶやくのです（叫ぶときもあります）。

すると、最初は「あいつはバカだ」と言っていた人たちも、「ポールは天才かもしれない」ということに気づき始めます。**最終的には「ポールは天才だから」と言うようになってきました。**

僕は昔から「地元の富山駅前にポールタワーを建てる」と言ってきました。

最初はみんな冗談にしか思っていませんでしたが、いまでは「駅前にポールタワーを建てる」と言うと、それを聞いた人は「ポールさんなら、できるよ」と真剣に言ってくれます。

こっちは冗談で言ったつもりなのですが、本当につくることになるかもしれません。

第2章

日本にいては自己肯定感が育たない

僕は児童養護施設を辞めたあとで、ふんどし王子と世界一周旅行に行ってきました。

そこでわかったのは、世界中の人が日本にあこがれの気持ちを持っているということです。改めて「日本って、やっぱりすごい。どう考えても衣食住、インフラにおいて世界最高の場所だ！」と感じました。「日本人最高！　日本に生まれてよかった」と心の底から思いました。

そんな日本ですが、「世界の幸福度ランキング」を見ると、先進国の中では下から数えたほうがずっと早いのです。

それはなぜなのでしょうか？

原因は、日本人の自己肯定感の低さにあると思います。

日本は世界的に見て自己肯定感が低い国

日本、アメリカ、中国、韓国の4カ国の高校生を対象とした比較調査で、「私は価値のある人間だと思う」と答えた割合は、アメリカが約84％、中国が約80％、韓国が84％なのに対して、日本はなんと45％でした。

子供たちが「自分なんて価値がない」と思っている国というのは、どうなんでしょうか。世界から見ると、日本人は（貧乏と言われる人たちでさえ）恵まれた生活をしています。もちろん、日本でも貧困が問題になっていることは、身をもって理解しています。児童養護施設のときだけでなく、僕の物件ではたくさんの貧困層の方を受け入れているので、いまでもそうした現実を目の当たりにしています。それでも、日本での貧困は、絶対的貧困（家も服も食べ物もない）ではなく、相対的貧困（まわりと比較して貧しい）なのです。

世界には、内戦が続く国に生まれ、生き延びるために難民にならざるをえない人がいます。食うや食わずや、生きるか死ぬかの世界です。

僕は世界一周の途中で、ポーランドのアウシュビッツを訪れました。ナチスのホロコーストが行われた施設にも寄りましたが、あの悲劇が起きたのはわずか80年前のことです。日本でも80年前に生まれていたら、赤紙1枚で戦地に駆り出されていたかもしれません。

いまの日本では、少なくとも強制的に連れて行かれ、家族とバラバラになるような心配はありません。戦地で、自分が殺さなければ、相手に殺されるという究極の選択を迫られることもありません。

ある意味、**いま日本に生まれただけで、宝くじに当たっているようなもの**です。

でも、現在、苦しんでいる子たちに「ほかの国ではもっと苦しい人がいるのだから」と言っても、なんの意味もありません。

ただただ、この日本で「自分なんて価値がない」と思っている子供たちが多いという現実に、とても悲しい気持ちがしているのです。

本当は、日本は世界中からあこがれられていて、日本にはたくさんのチャンスがあって、たくさんの夢を叶えられるはずなのに……。

学校が自己否定感を強くしている

なぜ**日本人は、自己否定感が強い人が多い**のでしょうか。

その原因として、**愛情表現の下手さ**と、**日本の教育の問題**があると思います。

僕の親は団塊の世代ですが、この世代の人たちは、父親といっぱい遊んだという人は少ないのではないでしょうか。

幸せな子供とは、「自分は愛されている」という実感を持ちながら育つ子です。

僕の育った頃の日本では、親は子供をあまりほめないのに、悪いことをしたら叱《しか》るのが普通でした。親はもちろん、わが子を愛していると思いますが、それが伝わらなければ、子供の自己肯定感は育ちません。

学校も同じです。子供の価値そのものを認めることは多くありません。その代わり、悪いことをした人が吊るし上げられ、先生に怒られまくる。それをまわりの生徒たちが嫌でも見させられます。

当然、怒られている人は自己肯定感が下がりますが、**それを見ているほうも自己肯定感が下がります**。「次に怒られるのは僕かもしれない」と心配で、目立つことを控えるようになり、消極的になります。

怒られないために、自分の価値観ではなく、先生に気に入られるような行動をする子も出てきます。そこに、その子らしさはありません。

みんなと同じようにしないと怒られる。
（先生から見て）悪いことをしたら、みんなの前で怒られる。

このように洗脳される日本のシステムは、子供たちの自己肯定感を下げている大きな要因だと思います。

正直、このシステムの中で自己肯定感を上げろと言うほうが難しいのではないでしょうか。

アメリカは、日本とは逆で、自己肯定感を上げるシステムです。

例えば、優秀な人間に注目するシステムとして「飛び級」があります。天才なら小学生でも大学に行けます。また、得意分野に集中して、好きな勉強をできる環境や選択肢があります。

日本では「みんな同じ」が基本なので、どんなに勉強ができても、一人だけ先に進むことはできません。逆に、どんなに勉強がわからなくても、一人だけゆっくりと学ばせてもらうことも叶いません。

アメリカはおもちゃをつくる天才が多いように感じています。例えば、大型バイクのハーレーやアメ車、スマホのｉＰｈｏｎｅなどは、工業製品というよりも「自由に組み立てるおもちゃ」に近いと思います。これらは自由な文化と自己肯定感が生んだ賜物《たまもの》ではないでしょうか。

日本は嫌でも学校に行って、すべての教科で点数を上げていく必要があります。この日本のシステムは明治から続く「軍人化教育」、つまり「指揮官の命令どおりに動く優秀な兵士」をつくるための教育の名残《なごり》といわれています。

それが転じて、「先生の言うことを聞く生徒はよい生徒」という、多様性を認めない教育が完成しました。

「出る杭《くい》は打たれる」という諺もあります。目立つとイジメられる、人と違うことをすると教室で浮くというのが、いまの子供たちの目の前にある現実です。

この**古くから変わらない日本の「学校教育」が、本当は可能性だらけの日本人の自己肯定感を下げて、幸せを感じられない要因になっている**と僕は思います。

だからこそ、親は家庭で子供の自己肯定感を上げるようにすべきなのですが、親自身はそうやって育てられてこなかったので、やり方がわからず、厳しく育ててしまうのです。

失敗を許さない日本人は危ない

日本人には、失敗を絶対に許さず、一度失敗すると、徹底的に叩きのめすという国民性があります。アメリカは再起を認め、チャンスを与える国なので、**たとえ破産しても、他人とは違う経験をした人として認められる**部分があります。

その代表がアメリカ大統領のトランプではないでしょうか。

彼にはスキャンダルなどもありますし、過去に一度、破産しています。破産してからアメリカ大統領になったわけです。ある意味、世界のトップまで上り詰めました。

これが日本だったらどうでしょうか。

一度破産した人が、総理大臣になることができるでしょうか。

ＹｏｕＴｕｂｅでバカな動画を上げているアメリカ人は非常に多いですが、日本人は失敗しない動画ばかりを上げています。バカな動画は、日本では叩かれ炎上します。「いまの日本の子供たちは挑戦しない」とよく言われます。しかし、これは失敗を許さない社会を大人がつくり上げてきた結果なのです。

日本人に「英語をしゃべれますか？」と聞くと、TOEICで満点近い点数を取っている人でも「少しだけ」と謙遜《けんそん》することが多いです。

一方、アメリカに行くと、「こんにちは、ありがとう、スシ、ゲイシャ」くらいの単語を知っているだけで、「俺は日本語を話せるぜ」とアピールする人がたくさんいます。「俺はピアノを弾けるんだ」と言うので、「聞かせて」とお願いしたら、「ねこふんじゃった」だったということも珍しくありません。もちろん、僕は「ねこふんじゃった」だって、**「オー、イエス！　グレート!!　サンキュー」とほめまくります。**

日本では、こういうアピールができる人はほぼいないのではないでしょうか。みんな「下手だよ」と保険をかけ、「たいしたことないじゃないか」と批判されるのを避けようとします。

本当は「ねこふんじゃった」を弾いたら、「お前の『ねこふんじゃった』を弾く気持ちが最高だ」と称賛される環境になるのが理想です。

まず、日本人全体の自己肯定感を上げて、**自分を認め、他者を認め、まわりに寛容になり、失敗しても何度でも挑戦できる国**にしていかなければ、日本の未来はとてもつまらないものになっていきます。

子供たちに対しては、結果だけを求めるのではなく、なんでも挑戦する姿勢、挑戦する気持ちも見てあげることが大切だと思います。

自己肯定感を高めて、「失敗・成功」という結果は気にしない風土、挑戦したこと、昨日より成長できたことをほめる文化が根づくことが、僕の理想とする日本の姿です。

第3章

自己否定感がいっぱいだと、どうなるか

この章では、自己肯定感が低いと、その人がどんな思いにとらわれて、どのような行動を取ってしまうのかを説明します。

簡単に言うと、自己肯定感が高い人の反対なんですが、僕の出会った児童養護施設の子供たちの例も入れながら、よりリアルに紹介していきます。読んでもらうとわかりますが、やはり幼少期の親の関わり方が大きく影響しています。

これを読んで、自分もそうだと思っても、自分を責めないでください。そして、もしまわりにそういう人がいたら、「そのままの君に価値があるんだよ」と勇気づけの言葉をかけてあげてください。

お子さんがいるなら、自分の子育てにも生かしてほしいと思います。

自分の「価値」に気づかず、幸せを感じられない

児童養護施設の児童の多くは、虐待を受けて入所してきます。中には、存在自体を否定

され続け、自己肯定感の反対の**「自己否定感」が強くなっている子供たち**も多くいます。

「お前はうちにいらない子だ」
「お兄ちゃんはかわいいけど、あんたはかわいくない」

もっとひどい言葉を親から繰り返しかけられてきた子供もいます。子供は驚くほど素直に親の言葉を吸収するので、そういう家庭で育った子供は、どんどん自己否定感を強めていきます。

「自分なんて、この世にいらない人間なんだ」
「生まれてきたくなかった」
「自分なんて何をやっても無理」
「どうせ誰もわかってくれない」

自己否定感が強いと、こういう気持ちを抱えるようになります。そして、最終的には「この世に必要ないから死にたい」というところに行き着きます。実際にその言葉を口に出す子供も多かったです。

でも、人間は誰だって、本当は生きたいのです。それなのに、自分には生きていく資格がない、価値がないと思い込んでいるのは途方もなくつらいことです。

そんな状態で、**夢を追えるはずがありませんし、人に優しくなんて、できるはずもありません。**人に優しくできなければ、**人と良好な関係を築くこともできません。**

生きていても仕方ないと思いながらも、同じような境遇の人や理解者、居場所を求めて暴走族に入ったり、深夜の繁華街を徘徊《はいかい》したりして、無意識のうちに自分の身を危険にさらすような子も多いです。

誰かに認めてほしい、優しくしてほしい、かまってほしい、自分だけを見てほしい——そんな状態で、悪い人たちに声をかけられて、悪の道に逸《そ》れていく子供たちもいます。

もしかしたら、そこで振り込め詐欺でもやって、一時的にお金を持つ子がいるかもしれません。でも、そういう稼ぎ方をしても**本質的な幸せは感じられない**でしょう。

自己肯定感が低い状態（＝自己否定感でいっぱい）では、一時的に幸せを感じられても、すぐに「俺みたいな人間が幸せになれるはずがない」という心のブラックホールに吸い込まれてしまうからです。

周囲からの評価が得られず、ますますチャレンジができなくなる

自己否定感いっぱいで育った人は、自分を否定し、人も否定します。

「お前なんか生まれてこなければよかったんだ」と言われて育つと、自分でも「生まれてこなければよかった。この世に必要のない人間なんだ」と自分の存在を否定するようになります。

「ロクな人間にならない」「何をやってもグズなんだから」と言われて育つと、**本当に自分がダメな人間であると信じ込みます。**

そして、何か興味のあることがあっても、「どうせ何をやってもできるはずがない」と

思ってしまい、**やる気も起こりません。**だから、**チャレンジすることもしません。**チャンスを与えられても、「自分にはできないからやりたくない」「できない姿を見られたくない」とネガティブにとらえてしまい、行動を起こさなくなってしまいます。

本人は生きているだけでつらいので、ラクをしているつもりはありませんが、他人からは挑戦しない人、行動しない人と見られます。そして、チャレンジしない人は怠惰な人間といった烙印《らくいん》を押されます。

そのため、まわりから追い打ちをかけるように「お前は何をやってもダメなやつ」「なんで、できないんだ」と否定されることになります。学校の先生や友達からも、落ちこぼれとして見られるようになります。

こうなると、**負のスパイラルに突入**します。

自己肯定感が高く、いろいろなことに挑戦する人との差はどんどん開いていき、そのことがますます自己肯定感を下げてしまいます。

人を攻撃し、批判するようになる

そして次の段階では、**人を攻撃し、批判し、否定をし始めます。**

親に言われてきた言葉を、人にぶつけるようになります。


「なんでできないの？」

「何をやってもダメなやつだな」

「自分は悪くない、お前が悪いんだ」


こういう言葉を相手にぶつけることで、相手の価値を無意識に下げるのが目的です。

自己肯定感の低い子たちは、そうやって自分より下の人間をつくらないと、自分で自分の存在の価値が保てないのです。そうすることによって、心のバランスを取らないと苦しいのです。

暴力を振るう子もいます。

児童養護施設の子供たちは、暴力が支配するヒエラルキーの中で生きてきたケースが多いため、ヒエラルキーが上の人が下の人に暴力を振るうのは普通のことだと勘違いしているためです。

誰にも見てもらえないので、悪いことをして注目を集め、相対的に自分の価値を他人に認めさせたいという子供も多くいます。例えば、先生に反抗する行為は、権力者に盾突くことで注目を集めたいという気持ちからきています。

ここには**「自分がやりたいこと」は一つもありません**。

誰か（ほとんどは親）から刷り込まれた間違った価値観の中で、他人の評価を気にして生きているのが、自己肯定感が低い人の世界です。

恋愛も仕事もがんばるほど苦しくなる

このまま大人になって恋愛をすると、男の場合は、暴力（言葉の暴力を含む）で相手を支配するようになります。

女性の場合は、「私だけを見て！　どうして電話に出なかったの？」といったような、メンタル的に重いタイプになることも多いです。

「相手に愛される」ことで、自分の価値を確かめようとするので、**愛されなくなることを極端に恐れる**のです。

ただ、悲しいことに、自己肯定感が低いと、心の奥では「相手が自分のような人間を好きになるはずがない。愛されていない」と考えてしまうため、ありもしない浮気を疑ったり、相手が引くくらい束縛したりして、結局、嫌われてしまいます。

こうなると、恋愛では何をやってもうまくいきません。

そういう気持ちを利用しようとする悪い異性に引っかかる子もいます。

ビジネスに置き換えると、ブラック企業から抜け出せなくなったり、上司の命令が絶対になってしまったり、仕事がうまくいかないと自分には価値がないと思い込んでしまったりするケースです。

自分の意見や正直な気持ちが言えず、どんどん搾取されてしまいます。

必死に働いてもお金が貯まらないのに、自分なんてどうせ何もできないという思考なので、そんな状況でも仕方ないと思ってしまうのです。

ここにも**「自分の意見」はありません。**

会社や上司の価値観に合わせ、他人の評価を求めて、心身共に疲弊していってしまいます。

お酒などに依存するリスクが高まる

お酒を飲むのは、酔っぱらうと楽しい気分になれるからです。キャバクラに行くのは、チヤホヤされていい気分になるからです。パチンコに行くのは、苦労せずにお金が増えるかもしれないという期待感でワクワクするからです。

つまり、**手っ取り早く嫌なことを忘れられる**のです。

本気で幸せを求めるなら、それこそ自己肯定感を上げるとか、仕事を変えるとか、家族との問題に向き合うとか、健康によい習慣を取り入れるとか、ほかにやるべきことはたくさんあります。

でも、自己肯定感が低い人は**新しいことに挑戦することが苦手**です。

嗜好品《しこう》やギャンブルなどは、自分を変えなくても、少しの間、楽しさを感じられるので、そこにはまる人が多いのです。

子供の自己肯定感を下げる親になる

児童養護施設にあるつらい現実として、児童養護施設で育つ子供の中には、親も養護施設出身者という子が少なくないことです。つまり「2世」です。負の連鎖を断ち切れず、世代を超えてつながっています。

考えてみれば仕方ないことかもしれません。だって、親と別々に暮らしてきて、自分が親になったとき、どうやって育てればいいのかわからないわけです。自己肯定感の低い人が親になると、子供を支配しようとします。子供自身の自主性を尊重するのではなく、親の言うことを聞く子がよい子、聞かない子は悪い子と決めつけることが多いです。

そうやって育てられた子は、親の顔色をうかがい、親に怒られないように自分の意見を押し殺して行動します。当然、自己肯定感が低くなります。

こういう**悪循環が、日本では広まっている**と思います。

自己肯定感の低い親に育てられ、自己肯定感が低くなった人間が、自己肯定感を上げられるようになることが僕の願いです。そして、その人が、自己肯定感の高い子供を育てられるようになれば、**日本はいまよりももっと生きやすくなる**と思います。

施設の先生にも自己肯定感が低い人は多い

このように、自己肯定感の低い人は、人生でつらい場面に遭遇することが増えます。

そうならないためには、子供時代に自己肯定感が高くなるような経験をすることが大事なのですが、それもままならない現実があります。

ここでさらに問題になるのが、**こういうことを理解しても実行できず、客観的に自分を見ることができない児童養護施設の職員が多い**ということです。

「恵まれない子供の生活をみる仕事」という、うわべだけの役割しかわかっていない職員がざらにいます。そもそも職員自体の自己肯定感も低いので、「なんでほかの子はできるのに、○○君はできないの？」といった本来なら言うべきでない言葉を言ってしまう先生がかなりいます。

自己肯定感の低い先生たちは、研修で何度も自己肯定感の大切さを教えられましたが、うまく行動に移せません。**それを理解するのと実行できるのは違う**ということがわかりました。実際、研修ではうんうんと頷《うなず》いていましたが、現場での対応はまったく違いました。もしかしたら頭では理解できていたけど、現場での仕事が激務すぎて、それを表現することができなかったのかもしれません。心の余裕がなかったのかもしれません。

これは先生や職員を批判しているわけではありません。みんな一生懸命に仕事をしています。しかし、一生懸命に仕事をすることと、自己肯定感を上げることにはあまり関連性がないように感じました。

人を幸せにするには、自分が幸せにならなければいけません。人の自己肯定感を上げるなら、まず自分が自己肯定感の高い人間になる必要があります。

その様子を見ていた僕は、まず教育・福祉・保育業界の先生の自己肯定感を上げる教育が必要だと強く感じるようになりました。

学校の先生もそう違いはありません。

児童養護施設にやって来る子供たちは、こうした環境の中で、自己否定感をマックスにしていきます。

職員は、その子の自己肯定感を上げること、その子の存在を認めることなど、人間の根底の部分に関わろうとしますが、前述したように、それがわかっていない人もいますし、わかっていたとしても、子供たちを変えていくのは本当に難しい仕事です。

僕の知っている子供の中にも、退所するまで自己肯定感を上げることができずに、早くに死んでしまった子もいました。そういうときは、社会のセーフティネットとしての役割、施設の役割としての無力さを感じました。

自己肯定感はあとからでも上げられる

もちろん、児童養護施設で暮らすうちに、自己肯定感を少しずつ上げて、入所した頃とは比べ物にならないほど元気になる子もいます。

入所してきたときは手づかみでご飯をむしゃむしゃ食べて、人間というより動物に近い子供たちもいます。三食食べられて、一人に一枚の布団があるという生活が初めての子もいます。

心を病んだ親を見ていて、疲れ切った子にとって、落ち着いて過ごせる環境は、何事にも代えがたいほど、ホッとできるものでしょう。

中には、勉強が好きになって、成績がぐんぐん上がる子もいました。施設のOBの中には東大に進学した人もいますし、会社の社長になった人も多くいます。

人間は心理的な安全性が保障されていないと、脳が正常に働きません。そのため、家が荒れている子供は勉強ができないことが多く（そもそも勉強ができる環境がない）、さらに自己肯定感を下げてしまいます。

そういう子供たちにとって、**学んだことがわかるようになるのは、成長であり、大きな自信につながり、自己肯定感を育てる**ことにもなります。

はっきり言って、成績はその子の価値に関係ありませんが、**やってみてうまくいったという経験をすることは、自分を好きになるきっかけになる**ので、とてもいいことです。必ず達成できる目標をつくり、それを達成できたら、結果や成果ではなく、

挑戦したこと自体をほめる。そして**成長した部分をほめます。**

これは、子供にも、部下にも、自己肯定感を上げるのに有効だと思います。

退所後にアパートを借りられず、僕の物件の安い部屋に住んでいる子もいます。児童養護施設ではいろいろありましたが、新しい環境の中で、社会人として生き生きと働いている様子を見ると、「なんか楽しそうでいいな。その調子だぞ！」と応援したくなります。

自己肯定感は、一朝一夕では育ちません。

でも僕は、少しずつ変わっていく子供たちを見ながら、**「自己肯定感は後天的に育てられる」**ということを確信しました。

人間は、何歳からでも変われるものです。

過去は関係ありません。**いくつになっても「自分の中の天才」を目覚めさせることはできます。**

第4章

自己肯定感が高くなる考え方

ここまで読んで、自己肯定感がどんなものか、理解していただけたでしょうか。どういうものかはなんとなくわかったけど、自分の自己肯定感については、いまいちわからないという人もいるでしょう。

そんな人は、次の自己肯定感チェックテストをやってみてください。このチェックシートで、自分の自己肯定感の高さを測ることができます。あまり深く考えずに、直感で答えてみてください。

もうお気づきかと思いますが、ＹＥＳの数が多いほど、自己肯定感が高い人と言えます。ちなみに僕は全部当てはまります。**ＹＥＳが10個以上あれば、自己肯定感が高い**です。**5個以下の人は自己肯定感が低い可能性があります。**

もしも、ＹＥＳの数が少なかった人でも大丈夫です。**自己肯定感は、大人になってからでも自分の力で上げていくことができる**からです。

■自己肯定感チェックシート

以下の項目を読んで、ＹＥＳと思うものにチェックをつけてください。

□ ①自分のことが好きでたまらない

□ ②自分に自信があって自分の未来が楽しみだ

□ ③他人の失敗は気にならない（許せる）

□ ④どんな困難にぶつかっても、「いけるっしょ！」と立ち向かえる

□ ⑤他人と意見が違っても相手を否定せず、尊重できる

□ ⑥自分は価値がある人間だし、幸せになれると思う

□ ⑦嫌なことがあっても、すぐ立ち直ることができる

□ ⑧１日の中で、自分の好きなことをしている時間が１時間以上ある

□ ⑨困ったときは、まわりに助けてくれる人がいる

□ ⑩家族に愛されていると思う

□ ⑪自分の目標を明確に持っていて、それに向かっている

□ ⑫他人と比べることがあっても、自分のよさもわかっているので落ち込まない

□ ⑬自分の強み、よいところを３つ以上言える

□ ⑭他人に非難されたり、悪口を言われたりしても「別に〜」と気にせずにいられる

□ ⑮相手の顔色や相手からの評価が気にならない

マズローの欲求5段階を超えた「自己超越」へ

自己肯定感を上げる方法を紹介する前に、自己肯定感を上げていくと、その先に何があるのかについて説明します。

「マズローの欲求5段階説」というものをご存じでしょうか。

アメリカの心理学者マズローが唱えた、人間の欲求を5段階の階級で理論化したものです。

簡単に説明すると、第1段階の**「生理的欲求」**は生命を維持するための本能的な欲求で、食事、睡眠、排泄《はいせつ》などのことです。ここが満たされないと、次の段階には進みません。

そして、ほとんどの動物がこのレベルを超えることはありません。

しかし、人間は別です。

通常の健康的な人間は、次のレベルである**「安全の欲求」**に移ります。

安全の欲求とは、安全に暮らしたい、健康でいたい、屋根のある家の中で布団の上で寝たいなどの欲求です。

次の**「社会的欲求」**は、生理的欲求と安全の欲求が十分に満たされると現れます。

自分が社会に必要とされているのか、自分に果たせる社会的役割があるのか、そして社会のどこかに属していたいか（所属したいか）という感覚で、それが社会的欲求です。

次の**「承認欲求」**とは、自分が所属している集団から「価値がある存在」と認められ、尊重されていたいと願う欲求です。

例えば、地位や名声や利権などはここに深

く関係しています。

そして、これらの4つが満たされると、次は**「自己実現」**を求めます。

自己実現というのは、なりたい自分になるという欲求です。人間が行うすべての行動は、ここにつながるとされています。

この本のテーマである**「お金持ちになりたい」**というのも自己実現です。起業してサラリーマンを卒業し、悠々自適に生きていきたいというのもこれです。

自分の目標を達成できた人を見ると、この段階にある人はけっこう多いと思います。

そして、あまり知られていませんが、マズローは晩年、この5段階の欲求階層の上に、さらにもう一つ段階があると発表しました。

それが**「自己超越」のステージ**です。このレベルに達している人は人口の2%といわれています。子供でこの段階に達することは不可能だそうです。

自己超越の段階では、**自分ではなく、他者への貢献で幸せを感じられる**ようになります。

自我が小さくなり、「○○をしたい」とか「○○になりたい」という気持ちを超越しています。

その代わりに、社会や自分以外の誰かの幸せなど、広い視野で世の中に貢献したいという気持ちが強くなるといわれています。自分の利益を追求せず、他者への貢献や平和などを目標に行動することも自己超越といえるでしょう。

簡単に言うと、「他人や社会のためになることが自分の欲求」という状態です。

「みんな最高になることが僕ちゃんの最高！」

文字にするとバカっぽくて危ない感じがしますが、こういう感じです。そして、僕はもう長い間、こんな感じで生きています。

自己超越を極めると、悟りを開いたような幸福を体験するらしいです。もちろん危ないクスリなどは使っていません（笑）。

ここまで読んで、なかなかハードルが高いと思ったあなた！

その感覚は正常です。

いきなり「自己超越」のステージを目指す必要はありません。目指すものでもないと思います。

日本人は子供の頃からマインドブロック（潜在意識でマイナスに働く思考）をつくられて生活しています。ルールを守って生活しましょう、みんなと集団行動しましょう、輪を乱さないようにしましょうというような教育を受けて育てられます。

会社に属するようになると、たとえ理不尽でも、会社の命令や上司の言うことを聞く人間が一番優秀というふうになります。

そんな流れで、どんどんどんどん日本人は頑丈なマインドブロックをつくり上げられてしまいます。その結果、「社会的欲求（会社でみんなに好かれたい）」「承認欲求（ベンツに乗ってみんなにすごいと言われたい）」といった欲求がどうしても強くなります。

それは、つまり「みんなに好かれない私はダメ」「ベンツに乗っていない俺はイケていない」という**自己否定感につながってしまいます**。

では、マインドブロックを外すにはどうしたらいいでしょうか。

次から、そのために大切な考え方を紹介します。

人の目ではなく、自分の本当の気持ちを優先する

僕は基本的に何を言われてもまったく気にしません。というか、いまでは人の話すらあまり聞いていません。**「自分のやりたいことをただやる」**ということに没頭し、それを堂々と胸を張って公言しています。

僕は5年前に不動産投資を始めようと思い、すぐ行動に移しました。本業の合間に、寝る間を惜しんでアルバイトをし、大切にしていたアメ車やスニーカーなど売れるものは全部売り払って、資金づくりに励みました。

すると、まわりからは散々非難されました。

「副業をするなんてバカだ」

「あいつ、アルバイトをしている！」

「不動産をやるなんて無理だ！」

そういう人たちが次にやることは決まっています。必ず、**なんの根拠もない、意味のないアドバイスを言ってくる**のです。

「副業なんてやめておけ」
「いますぐアルバイトはやめたほうがいい」
「不動産投資なんか危ないからやめろ」

いま、僕はネガティブな発言をする人とはまったく遊ばないので、自分でこのことを書いているだけで、なんだか気持ち悪くなってきました。

何もしたことがない人のアドバイスほど無意味なものはありません。

何もしたことがない人は、物事をすべて否定から入るので、新しいことを始めることができません。結果、現状は何もせず、何も変わらない人なのです。

これまで何かやりたいことがあっても、あきらめて、我慢を続けている人です。自分に

「できない」言い訳をしてきた人たちです。
そういう人にアドバイスを求めても、いいアドバイスはもらえません。まわりの人の目や意見に左右されるのではなく、自分の本当の気持ちがどうなのかを確かめ、それを優先すべきです。
もし、何かをするときにアドバイスが欲しいのなら、その**物事で成功している人の話を聞く**ようにしましょう。すでに行動している人、成功している人は問題を乗り越えた経験があるので、アドバイスに力があります。背中を押してくれますし、行動することの大切さも教えてくれます。

逆に考えると、あなたが、何かに挑戦している人を見て、「それは無理に決まっている」と思うようなら、ご自身の自己肯定感が低いのかもしれません。自分の自己肯定感が低いために、はしごを上ろうとする相手を引きずり下ろそうとしている可能性があります。もし自分の配偶者から「不動産投資を始めたい」と言われたら、あなたはなんと答えるでしょうか。

挑戦している人に対して、「すごいよ」「お前ならできる」と言える自分を目

指してみると、何かが変わり始めると思います。

世間の常識を疑って「自分の常識」で生きる

僕はいろいろなことに対して「なぜそうしなければいけないのか？」と疑問を発して生きています。**これが世の中の常識だからという理由で、自分の行動を制限することはありません。**

よく「家にいると妻が怒るから飲みに行けない」とか「副業なんてできない」とか「不動産投資なんかできない」と言う人がいます。

理由を聞くと、「それが普通だろう」とか「常識でしょう」と返ってきます。

なぜ、それが常識なのでしょうか？　誰にとっての常識なのでしょうか？

僕はまったくそんなふうには思いません。

僕は、**常識は自分がつくるもの**だと思っています。他人がつくった常識というのは、自分にとっては非常識であり、自分の常識は、他人にとっては非常識なのは当たり前ではないでしょうか。

人の常識に、自分の人生を合わせるのはいい加減やめませんか。

自己肯定感が高い人は、自分が自由に生きているので、他人も自由でいいと思っています。多様性を受け入れ、柔軟な思考と行動を取ることができます。

また、幼少期からさまざまな意見を交わし、自分で自分を肯定している人は、堂々と自分の気持ちを表現することができます。

それに比べて自己肯定感が低い人は、「社会人ならこうでなければいけない」「こうあるべきだ」「これが正しい」といった思い込みがあり、それを人に押しつけようとします。

「こうすべきだと何かに書いてあった」「あの人がこう言っていた」などと意見を言ってくる人を見ると、あなたには自分の意見がないのか、あなた自身はどう思うのか、という疑問が浮かんできます。

自己肯定感が低い人は、自分の意見を、いわゆる世の中の正解と一致させるのに必死です。そうしないと、自分が社会で認められないと思っているのです。

児童養護施設の子供たちも、ボスやリーダーの顔色をうかがい、必死に意見を合わせるふりをして、自分の意見を押し殺していました。そうしないと自分が生きていけない環境にあるという悲しい現実があります。

施設の職員時代、僕は子供たちに、次のことを伝えていました。

「自分の意見を言っていい」

「人にはいろいろな考えがある」

「自分の意見が絶対ではない」

「自分の意見を人に押しつけてはいけない」

「先生の言うことを聞かない生徒が悪い子で、先生の言うことを聞く生徒がよい子というわけでは決してない」

「自分の心の意見を言えないのが一番つらいから、素直に言えるのが一番いい」

世間の正解ではなく、**自分に素直な気持ちで世界を考えるようにする**ことが、自己肯定感を高める第一歩です。

世の中のすべては、同じ人間がやったことだと考える

僕はいま、不動産投資家として不動産賃貸業で生計を立てています。

「すごいですね」と言われることもありますが、ハッキリ言って、不動産投資の手法は先輩たちから学んだことで、パクリにすぎません。投資なんてものは、もう誰かがすでにやっていることで、成功談も失敗談も本やネットでいくらでも学ぶことができます。

自己資金がない、家族が反対している、仕事が忙しい……。できない理由はたくさんあると思いますが、そういう状況でも、なんとかならないかと考えて、**成功に向けて一歩踏み出した人から、人生は変わっていきます。**

「不可能だ。できない」と言っている人には一生できません。

すべてのものは、みんな同じ人間がやったことです。ホリエモンも孫正義さんも同じ人間です。法隆寺も、千年以上前の重機がない時代に、人間だけの手でつくったもの

です。スカイツリーも清水寺も、熊本城だって姫路城だって、すべて人間がつくったものです。

機械がつくったものであっても、その機械をつくったのは人間です。

そう考えると、**この世にできないことはないのです。**

どんどん挑戦して失敗してもいいじゃないですか。どうせ隣町に行けば、あなたのことなんか誰も知りません。失敗しても、恥ずかしいことはありません。無茶をしても、別にカッコ悪くはありません。

失敗を恐れずに一歩踏み出すことができれば、人生は変わります。逆に言うと、**一歩も踏み出さないと、人生は変わりません。**

ホリエモンが遠すぎるなら、いまの自分と近い

境遇にあって、理想の環境へステージを変えた人のマネをしてみるのもいいと思います。

「あの人、すごいな」という人がいたら、**マネできるところがないか見つけてみましょう。**できることがどこかにあるはずです。それを**すぐに取り入れましょう。**

「あの人、すごいな。でも俺は……」と考えるのではなく、**「同じ人間なんだから、俺にもできる」と考える**のです。

僕の場合は、同じ富山出身の吉川英一さんとふんどし王子のブログを見つけて、「やってみたい」「収益不動産が欲しい！」と思ったのがすべての始まりでした。

身近にあこがれの存在を見つけたら、「それに比べて自分は……」と思うのではなく、「ラッキー！　いいお手本がいた」と考えて、参考にさせてもらいましょう。

挑戦はいつでも自由にしていいのだと考える

日本には「失敗を許さない」という風潮があります。それどころか、田舎では「新たな挑戦すら許さない」という風潮があります。

でも、**挑戦はいつでも誰でも自由にしていい**のです。

「自分は田舎に住んでいて、チャンスがないから無理だ！」と言う人がいますが、田舎だと挑戦する人が少ないので、むしろチャンスです。一歩踏み出せば、ライバル皆無のブルーオーシャン（競争相手のいない新しい市場）かもしれません。不動産投資では、田舎すぎて仲間もいないが、ライバルもいないということはよくある話です。富山でもそのようなエリアがたくさんあります。

別に不動産でなくても、ヤフオクでも、メルカリでも、ココナラでも、情報商材でも、スマホさえあればできる商売が山ほどあります。やろうと思えば、なんでもすぐにできます。

アントニオ猪木の「いつ何時、誰の挑戦でも受ける」という有名なフレーズがありますが、その逆です。**やりたいと思ったら、いつ何時でも挑戦することができる**のです。

アメリカでは破産しても、「挑戦した結果、人には経験できないことをした人」とポジティブにとらえられます。すでに述べたように、アメリカ大統領のトランプは、ビジネスで一度破産していますが、アメリカ大統領になりました。ケンタッキーフライドチキンのカーネル・サンダースも破産して生活保護を受けていた時期がありましたが、60歳を過ぎてから大成功を収めた人です。

失敗の向こうに成功があります。失敗と成功は同じ方向にあって、その方向に向かっていかなければ、成功も失敗もありません。

日本人のほとんどは「失敗をしたくない」ので、「失敗」がある方向へは進みません。しかし、それでは「成功」にはたどり着けないのです。

ここにも、日本の教育が関係しています。

「成功したことだけがほめられる」という、成果のみをほめる教育を続けてきました。それは「成功しないとダメ」であり、失敗を許さない文化、失敗したら吊るし上げて叩く文化ができてしまったのです。

それは却《かえ》って「成功」を阻害することになりました。「成功」を目指すより先に、「失敗」をしないことに目が行くようになり、何かに挑戦することから遠ざかるようになっていきました。

そんな洗脳は、この本を読んで自分で解いていきましょう。

結果ではなく、「挑戦する」ことをほめるのです。

そして、**他人との比較ではなく、「昨日より成長した自分をほめる」ことが大切**です。

自己肯定感が上がれば「失敗してもいいんだ」「失敗しても当たり前、怖くない」と思えるようになり、挑戦へのハードルがどんどん下がります。

失敗しても命は取られないと考える

成功者は、なぜ成功しているのでしょうか。

それは、**たくさんの「成功しそうなこと」にチャレンジした**からです。100**回やれば、当然、10回挑戦した人よりも成功する可能性は高くなります。**

自己肯定感が高いお金持ちは、「失敗してもいい」と思っています。自己肯定感が低い貧乏人は、「失敗は絶対に許されない」と思っています。

この違いは、成功するか失敗するかを左右する大きな差になります。

自己肯定感の高い人は、失敗することは想定内で、失敗しても気にせず次のことにチャレンジできます。事実、**失敗しても命を取られることはないし、再起不能になるわけではありません。**

自己肯定感が高い人の口癖は、**「やったことがないから、やってみたい」**です。

自己肯定感が低い児童養護施設の子供たちの口癖は、「やったことがないから、やりたくない」でした。

僕は不動産投資家なので、銀行から借り入れをしています。つまり、借金です。多くの人は、借金を怖いものと思っています。

僕は今年8000万円の借金をしてアパートを建築したのですが、そのアパートの基礎工事をする業者が飛んだ（逃げた）ために、工期が大幅に遅れました。8000万円も借金をして、こんなことが起きると、普通のメンタルの人ならとても落ち込みます。

まだ入居者を募集中でしたが、何件か申し込みがあり、最初の入居者は3月末に引っ越してくることになっていました。それなのに、上棟（屋根の一番上の部材を取りつける段階）がバレンタインデーの予定です。どう考えても完成が間に合わないというピンチに陥りました。

もうここは、ほかの入居者が決まる前に工事を延期させて、ゆっくり完成させようと思っていました。しかし、請負業者のパワービルダーが「絶対に完成させる！」と言ってきたのです。まさかの24時間の三交代工事をして、なんと最初の入居者が入る前日に、たった1カ月半の工事で完成させるというミラクルが起きました（突貫工事ともいう）。

しかし、大急ぎでつくったものですから、入居者さんが住み始めてからもトラブルが多発し、入居者さんはもちろんのこと、管理会社さんにも大変な迷惑をおかけすることになりました。

つまり、８０００万円かけて不動産投資をしたのに、大失敗物件をつくってしまったのです。普通の人なら８０００万円かけて失敗したら、夜も眠れないと思いますが、僕は毎日10時間くらい寝ていました（笑）。

ビジネスですから、こんなことも起こります。一時的に胃が痛くなるかもしれません（実際はすこぶる快調でした）が、幸い、その後起きたトラブルも落ち着きました。

これくらいで不動産投資はこりごりなんて思いません。

このトラブルのあとにも、新しい物件をもう何棟も買っています。

もちろん、失敗したことは反省し、同じ失敗がないように次に生かします。逆に言えば、**この失敗は僕の経験値を高め、さらに天才性を高めるための糧《かて》になった**と感じています。

すべては**もっと幸せになるための学び**なのです。

第5章

自己肯定感を上げる習慣と言葉の使い方

前の章でマインドセット（経験、教育、先入観などからくる思考様式）の大切さを書きましたが、考え方を変えるだけでは何も変わりません。

自分を変えるためには、**行動を変えることが不可欠**です。その第一歩としてやってみてほしいのが、**言葉を変える**ことです。普段使う言葉を意識して変えるだけで、日常は変化していきます。

ヒトラーは言葉だけで人々を熱狂させて、世界戦争にまで突入してしまいました。それくらい、言葉には力があるのです。**自分の言葉で、自分に魔法をかけましょう！**

自己肯定感の高い人は、「プラスの言葉」を使っている

何かを話すとき、最初に聞こえるのは自分です。

自分の口から放たれた言葉は自分の耳に入り、自分の脳に届きます。その言葉は潜在意識に刷り込まれます。ですから、自己肯定感の上がる言葉を使って**一番得をするのは**

自分です。

日本には「言霊《ことだま》」という言葉がありますが、僕はこのことだと思っています。

そのため、僕は愚痴とか悪口を言わないようにしています。自分の耳に愚痴や悪口が入ってこないようにするためです（でも、ときどきは言っています）。

その代わり、僕は毎日のように自分のやりたいことを考えたり、しゃべったりしています。そして**毎日、何回も「僕ちゃん天才だ」と言っています**。すると**本当に天才になっていく**のです。

自分でつくった料理がおいしいときは、「う、うまい！　中華の鉄人、周富徳を超えているかもしれない。僕ちゃん天才！」と家族に言っています。

言葉には潜在意識が働き、言ったことを現実化する力があるので、同じ1日を過ごすなら、朝からよい言葉を放って、よい1日にするほうが断然お得です。人生が格段に素晴らしく、楽しいものになります。

そんなわけで、僕からのアドバイスは、朝起きたら「あー、会社行くのが嫌だな」ではなくて、**「朝から最高」「天気もいいし絶好調！」と声に出して言ってみる**ことです。ぜひ、すぐに始めてみてください。

僕が住んでいる富山県は1年中天気が悪いので、天気がいいだけで「今日は天気がよくて最高だな」と本当に思います。もうなんでもいいのです。とりあえず、**どんな小さなことでも喜んで感謝していくと、本当に嫌なことが起きなくなって、毎日が楽しくなります。**

心理学者ウィリアム・ジェームズの有名な言葉があります。

「言葉が変われば心が変わる
心が変われば行動が変わる
行動が変われば習慣が変わる
習慣が変われば人格が変わる
人格が変われば運命が変わる」

運命を変えるのも、すべての始まりは言葉ということです。いま、この瞬間から、言葉を変えていきましょう。

自分をほめると自己肯定感が上がる

ネガティブな人、自己肯定感が低い人でも、自己肯定感を自分で上げる方法があります。

それはずばり！　**自分で自分をほめる**方法です。

大人気漫画『北斗の拳』に「偽りの天才アミバ」というキャラクターがいます。そのアミバの名ゼリフは**「俺は天才だ〜」**なのです。

奇跡的に僕の口癖とまったく同じでした（笑）。

僕はめちゃくちゃ自己肯定感が高いためか、息を吐くように、無意識のうちに自分をほめています。


「あー、やっぱり天才だな」

「うおー、僕って、すごい！」

「僕ちゃん頭いいなぁ」

こうして見ると、かなりバカっぽいですが、自分で自分をほめることはかなり有効です。

あなたは、最近、いつほめられましたか？　会社でほめられていますか？　家族にほめられますか？

ほとんどの人が1日で一度もほめられないという毎日を過ごしていると思います。

一方、僕は、**毎日、めちゃくちゃほめられています。**

誰にほめられているかというと、**自分自身に**です。

まず、朝起きた瞬間に「あー、今日も最高の1

日が始まった」と思うんですが、よく考えると、1日の予定は何もありません。つまり、何が最高かというと、「生きているだけで最高」と思っているわけです。そして何かをすると「〇〇できた。やっぱり天才！」と自分をほめます。

自己肯定感の低い人は、朝起きたときに「朝、目覚めた自分、ありがとう」と言ってみてはどうでしょうか。

朝起きて「今日も1日嫌だな」と思うと、本当に嫌な1日になります。

まず**自分で自分をほめる。小さなことからほめて、それを日常化する。**そして、**それを実際に口に出す。**こういうことをしてみてください。

「料理がおいしい天才だ」「今日もいっぱい歩いて健康的だ、足さんありがとう」など、なんでもいいので、どんどんほめましょう。

心の中で思うだけでなく、**声に出して言ってみてください。**

僕クラスの自己肯定感が高い人間になると、「僕ちゃん天才じゃない？」「僕ちゃん最高じゃない？」とまわりの人に押しつけがましく言いまくっています。最初はみんな「あいつバカなんじゃないか」と言っていましたが、いまでは僕のことを天才と言ってくれます。

過去からの成長や存在そのものをほめる

自己肯定感を育てるには、自分をほめることが有効だと書きました。しかし、**ほめ方を間違えると、自己肯定感を下げることになる**ので、注意が必要です。

というのも、常に他者と比べられながら成長した人は、ほめるときに、他者と比べてほめようとするからです。例えば、他人に勝てなかった場合は、自分の評価が下がるので、無理にほめても、自己肯定感が低くなってしまいます。

逆に、自分の成長を認めて育てられた人は、他者との比較ではなく、過去の自分と比較して自分の成長を客観的に認めることができます。これまでの自分と比べるので、ほとんどの場合は成長しています。さらに自分で自分をほめようとするのですから、評価の基準は甘くなり、自己肯定感がもっと高くなっていきます。

ほめるときは、**その人の存在自体をほめる**ことが大切なのです。

誤ったほめ方とは、次のような言い方です。

「テストで100点取れて、すごいね」
「試合で勝って、すごいね」

これらは、成果に対するほめ方です。

児童養護施設で働いていたとき、僕はこういうほめ方をしないようにしていました。「テストで100点取れて、すごいね」と言われると、自己肯定感の低い子供たちは、逆に100点を取らないとすごくない、ということが潜在意識に残るのです。

潜在意識は現実化します。

だから、100点を取ったこともほめながら、そもそも行きたくもない学校に行って、嫌なテストに挑戦したことや、その子が生きていること自体をほめていました。わかりやすく言うと、ほめる部分は、**過去の自分を超えた部分**です。

「○○君はできるのに、どうしてできないの?」と他人との比較は絶対にせず、「前よりもここができるようになっているね。がんばったね」と本人の成長した部分をほめるようにします。誰でもがんばっているので、そのがんばりをほめられると、素直に嬉しいものです。

この過去の自分からの成長をほめるということは、**自分ではなかなか気づかないものなので、ほめられることで自己肯定感が上がっていきます。**

もちろん、**自分でほめても大丈夫です！**

失敗談を笑って話すのもいい

失敗なくして成功はありえません。何もしなければ、失敗もしない代わりに成功もありません。

自己肯定感が低い人は、失敗したら恥ずかしいと思っていますが、その考えを変える方法があります。

それは、**挑戦して失敗したことを笑い話として話す**ことです。

失敗した話をするなんて恥ずかしいと思うかもしれませんが、話してみると、自分で思っているほど**人の失敗なんて誰も気にしていない**ことに気づけます。

それどころか、次はうまくいくようにアドバイスをもらえたり、ほかの人も「俺も同じ失敗をしたことがあってさ」と共感してくれたりします。

内面を打ち出す（自己開示）ことで、人との距離が縮まる効果もあるのです。

どんどん失敗談を話して、失敗は恥ずかしいことだという気持ちを塗り替えていってください。そのとき、できたら**明るく笑いながら話す**のがおすすめです。すると、まわりの人もつられて、失敗していいんだと思えるようになっていきます。

ちなみに、僕も過去にはたくさんの失敗をしています（もちろん、いまでもしています）。

例えば、不動産投資を始めて最初に買ったのは、４ＬＤＫの区分所有のマンションでした。現金で３５０万円を用意するために、大切な外車を２５０万円で売却しました。そこまでして買ったのに、毎月の手残り金額は３万円くらいしかなくて、悲しかったです。

その次に、新築アパートを１棟建てましたが、誰にも相談せずに建てたため、変な間取りになってしまい、なかなか満室にならずに焦りました。

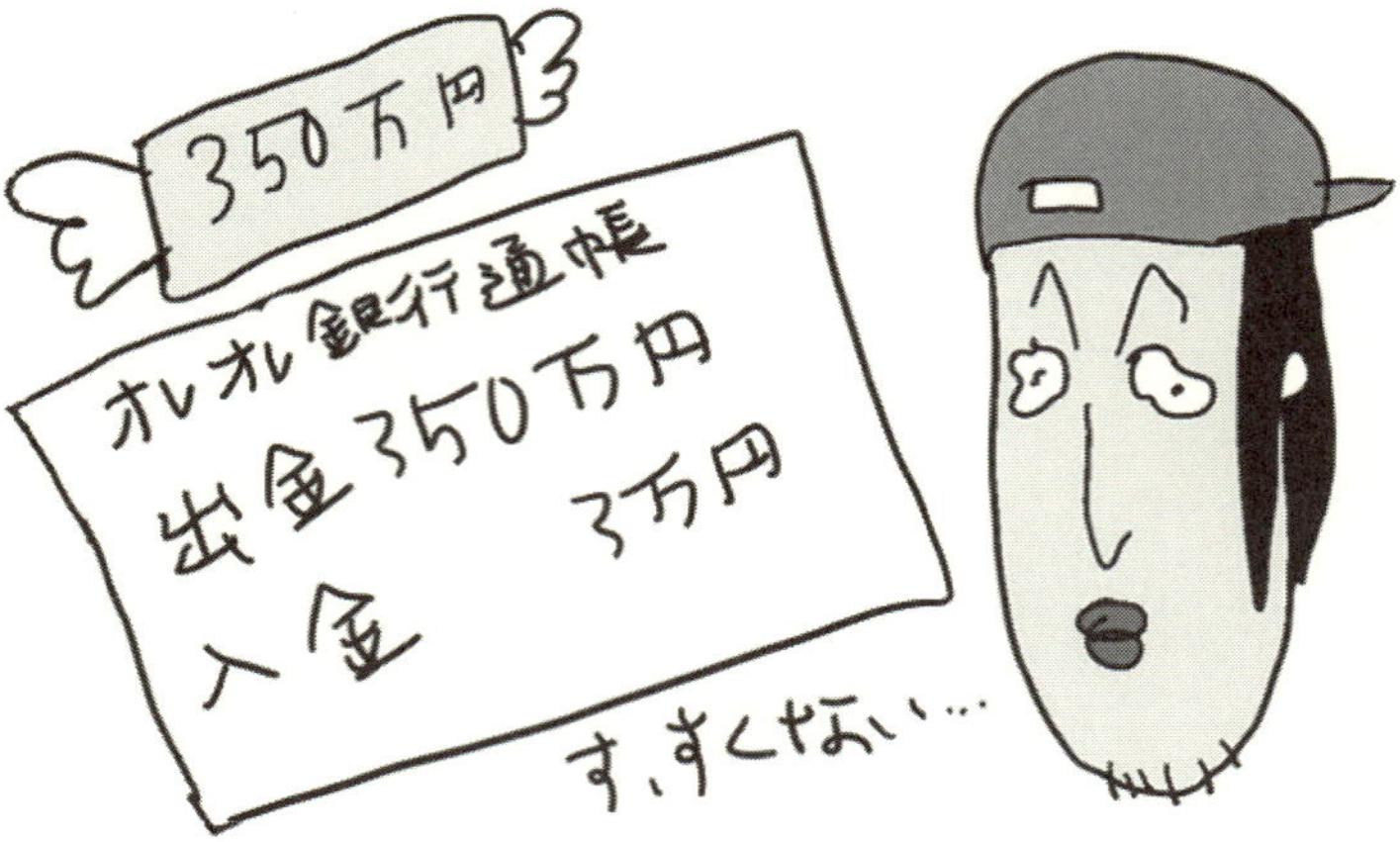

振り返れば、アパートを新築したことで、建築の流れや収支がわかったので、いい経験でしたが、当時は失敗したなあ、勉強不足で突っ走っちゃったなという感覚が多少はありました。

そのほかに、仲間の大家さんから僕が2万円で借りた家があります。僕の物件ではありませんが、それを家賃4万円で貸して、**差し引き2万円のお金が入る仕組み**です。その入居者がややクレーマー気質で、対応するのがなかなか厄介です。

「屋根から雨漏りしている」

「トイレの床にカビが生えているから、張り替えろ」

「趣味の関係で電気をたくさん使いたいから、コンセントをこっちにもつくってくれ」

よくわからない連絡がしょっちゅう入ってきます。

「マジかよ」と叫びながら、なんとか対応したり、しないでスルーしたりしています。

つまり、**僕のような天才でも、たくさんの失敗をしているし、面倒なこともしょっちゅうある**ということです。

こういうとき、日本人特有の完璧主義に陥ってしまうと、とてもつらくなります。

例えば、ツイッターやヤフコメなどに生息する「正義マン」を見ると、他人に自分なりの正論をぶつけて、相手を苦しめることを好んでいますが、それと同じことを自分に対して行ってはいけません。**気楽に寛容に生きればいい**のです。

この世に、みんなが思っているような**完璧な人間は一人もいません**。だから、**それを演じる必要もまったくありません**。

みんな完璧人間を演じようと必死になりすぎているのではないでしょうか？　もっと気楽にいきましょう。

妄想や独り言もポジティブに変える

自己肯定感が高くなっていくと、**よいイメージ、よい妄想しか出てきません**。僕は、宝くじが当たったらどうしようとワクワクして眠れない日があるのですが、そもそも宝くじを買ったことがありません。なので、絶対に当たらないのですが、脳内では妄想が膨らみ、当たった気になっています（笑）。

そのくらい想像力が豊かです。

仕事でもこんな調子です。

僕の仕事は、古い家を買ってＤＩＹで直し、それを人に貸して家賃をいただくというものです。そのため、ボロボロの家を見た瞬間、カッコいい完成イメージを妄想してしまいます。誰も買わないような廃墟物件でも、１日中、ボロボロの部屋を眺めてイメージを膨らませるだけで終わる日もあります。しかも、それが何日も。

僕は独り言が多いほうなのですが、**ネガティブな独り言は言いません。**

物件をまったく見ないで買付を入れたことがあります。その家を見に行ったら、壁や屋根の一部がないのです。そんなときは「おいおい、最高にスキルアップできる家をゲットできたぜ！」と言っています。

僕の尊敬する大御所投資家さんが、かつて**「ポジティブな発言しかしないように訓練した」**と言っていたのを聞き、自分の言葉も徹底的に意識するようにしました。

ポジティブな発言を声に出すと、それが自分の脳に届いて潜在意識に残るので、無意識のうちにポジティブな情報が残るようになります。そして、**無意識のうちに、さらにポジティブな情報を耳で拾うようになっていく**のです。

そのくらい、言葉にはパワーがあります。

意識してポジティブな言葉をチョイスするだけで、人生は大きく変わっていきます。

いまの自分を否定しない言い方をする

「こうなりたい」という未来の願望を口にするのは、現在はそうなっていないことを明言しているだけなので注意が必要です。何か願いを発するときは、**現在、すでにそうなっているという現状肯定型の言い方**にしましょう。

例えば「俺は絶対に金持ちになりたい」という言い方ではなく、「俺は金持ちになりつつある。すでに始まっている」と言うようにするのです。

なぜ、そんな面倒なことをするのかというと、自己肯定感が低い人は現在の自分と将来の自分を分断してしまうからです。**将来の自分にあこがれを持つことは、深層心理でいまの自分を否定することになってしまう**のです。

僕は、起きていることのすべてに意味があると思っています。ネガティブな出来事があっても、それがあることで、**自分が学び、成長する必要があったから起きた**のだと考えます。

ですから、**いまの自分が理想の姿と違っても、現状を否定しないことが大切**です。


僕は、自分が超絶強運で、ラッキーなことしか起きないと思っています。

でも、それは宝くじが3回連続で当たるとか、すごい美人が向こうから裸で歩いてきたとか、自分の身によいことしか起きないという意味ではありません。先ほど書いたように、僕も俗にいう失敗的なことを何度も経験しています。

カギとなるのは、**事実の「受け止め方」**です。

例えば、道を歩いていて、空からカラスのフンが降ってきて、頭に降臨したとします。僕なら「キャー！　めったにできない経験しちゃった。少し盛ってみんなに話せば、たぶんウケるぞ」と思います。

逆に、「なんてツイてないんだ。カラスまで俺のことをバカにしているのか……」と落ち込む人もいるでしょう。

すべての出来事は、単なるイベントにすぎません。その良し悪しを決めるのは、**その**

人の受け止め方次第です。

そういう意味でいうと、僕には何があっても、**アホみたいにプラスにとらえる才能**があるようです。これも僕の中の天才性の一つでしょう。

ここまで読んで、

「自分は自己肯定感が低くて、ほかの人に大きな後れを取ってしまった」

「自分をこんなふうに育てた親や教師が憎い」

「ポールさんみたいにクレイジーマインドが欲しかったのに……」

と落ち込んでしまった人がいるでしょう。その気持ちはわかります。

でも、そんなことはないので、安心してください。こう考えてみてはどうでしょうか。

「いままで自己肯定感が低かったのに、こうして天才ポールさんの本に出合って、それを読むことができるほど元気も時間の余裕もあって、学習する気持ちもある俺って、けっこうすごいぞ。ここから、どれだけ成長していくのか楽しみだ！」

僕は児童養護施設の子供たちに、**「過去は関係ない。大切なのはいまからだ」**とよく言っていました。それは大人だって、同じです。

第6章

なりたい自分になるためのアクション

マインドを変えて言葉を変えても、実際に行動しないと、1ミリも人生は変わりません。

ここからは、自己肯定感を上げて、**なりたい自分になるための方法**を紹介します。

少しずつでいいので、新しい行動を始めましょう。

ここで紹介することを、毎日、実践していったら、確実に人生が変わります。

僕は5年前まで貧乏でしたが、いまは働かなくても生活できるまでになり、毎日、自由な時間を自分の人生のためだけに使っています。それは、**毎日、目的に向かって正しい行動を繰り返した**からです。

行動した分だけ、人生が自分の望む方向に変わっていきます!

マインドフルネスで自分の感情と向き合う習慣

自分の気持ちを俯瞰《ふかん》して見つめることを**「マインドフルネス」**といいます。

マインドフルネスの方法としては、瞑想《めいそう》などがあります。

夜寝る前に1日を振り返り、日記やブログで自分の思いを記録することも効果的です。この習慣を持つと、**自分自身を少し遠くから観察できる**ようになります。

「今日の俺、上司に怒られて傷ついているなあ」
「融資を断られまくって、つらかったな」
「今日の仕事で結果を出せて嬉しいな。僕ちゃん、えらい！」

そうやって自分の気持ちを自分で受け止めてあげると、無理に気持ちに蓋《ふた》をして、心の奥に溜め込んで我慢していたときよりも心が楽になります。

僕は無意識のうちに瞑想をして、客観的に自分のよさを受け入れています。そして、独り言でその内容をしゃべってしまうくらいやばいやつです。

実は、これは効果が認められている手法であり、**悲しみをポジティブな形でとらえるようになる方法**といわれています。

自分の感情は、毎日、変わります。

よく寝た日の朝に気分がすぐれているなら、毎日、よく寝ましょう。

そうやって、自分自身の感情を観察することで、嫌でも自分と向き合うことになります。

そして、自分の本当の気持ちを知ることができたら、「俺はこれがやりたいんだな」「こっちには進みたくないんだな」というふうに、その感情の中身を受け止めるようにします。

すると、**自分の軸ができてきます**。それが、人生で迷ったときに磁石になってくれるのです。

自分のよいところを書き出す

マインドフルネスで自分を客観視することができたら、次は**自分のよいところを書き出してみましょう。**

やり方は簡単です。「自分の長所」「できること」「できそうなこと」を紙に書き出してみるのです。洗車がうまい、ギターが弾ける、インスタントラーメンをつくれる……、なんでもかまいません。

そのとき、「この程度なら、もっとうまい人がほかにいる」というように、誰かと比べてはいけません。どんな些細《ささい》な点でもいいので、自分のよい点を、ほかとは比較しないで書き出していきます。そうすると、それが**他者からの評価に依存する状態から抜け出す**ことにつながっていくのです。

書き出してみると、思っていた以上に、自分にできることがあることに気づくと思います。それを役立てる方法はないか考えてみましょう。自分のできることを役立てる方向にもっていけば、それは**人助け**になり、**自己肯定感のアップ**につながります。

自分のよいところがわからなければ、友達と**「お互いのよいところを伝え合う会」**を開くといいと思います。これは、自己肯定感が低い人にとって、とても効果的な方法です。自己肯定感が低いために、自分のよさに気づいてないことが多く、ほかの人から指摘されて、**意外な自分のよさを発見する**ことができます。

僕は富山の大家仲間と集まるたびに、お互いのよいところをほめ合っています。ほめられると嬉しいので、とっても楽しいですよ。

自分にとっての「成功」を定義する

成功とはどういうことでしょうか。

豪邸に住んでスーパーカーに乗ることでしょうか。もちろん、人によっては、それを成功と呼ぶかもしれません。でも、価値観は人それぞれなので、成功のかたちも人によって違ってきます。

一つ言えるのは、自己肯定感が高い人は、**自分の心で「成功が何か」を決めることができる**ということです。

僕自身はスーパーカーも持っていないし豪邸にも住んでいませんが、いまの状態にとても満足しています。

それは、お金があるからというわけではありません。お金がまったくないと生活できませんが、少しくらいお金が足りないのなら、また稼げばいいのです。

僕が満足しているのは、スーパーカーがあるとか豪邸に住んでいるとか、そういう物質的な欲求の話ではなく、**自分の人生を自分の選択で決められる状態**に対してです。**自分の人生を自分のために使える**ことにとても満足しています。

選択権が自分にあることが、僕にとっての「成功」です。


それに対して、自己肯定感が低い人は、まわりを見渡して、他者の評価から見た成功を、自分の成功だと思い込んでいる人も多いと思います。

それは自分の幸せとは関係がないので、いくら目標をクリアできても、自分の心は満足できず、ゴールが見つかりません。サラリーマンだと、出世競争で勝ち抜いたのに、苦しくなるというパターンに陥りがちです。


僕のまわりにはまったくいませんが、不動産投資の世界にも、まわりの目を気にする人がいます。

サラリーマンを卒業して自由になったのに、自らそういうところに突っ込んでいって、規模や金額を気にしているのです。

そういう比較をして、勝ったとか負けたとか思うのは、とても疲れるだろうなあと思います。そういう価値観から抜けて、**自分だけの成功の基準をつくってみると、楽になる**のではないでしょうか。

目標設定をして紙に書き出す

初心者の方から「では、どうすればいいのでしょうか」と相談されると、「行動を始める前に、目標を書こう。目標設定をしよう」と伝えています。

車のナビと一緒です。**目標が決まると、経路が見えてきます**。しかし、ナビに目的地をセットしないと、案内をしてくれません。自分が進むべき道も同じで、目標がわからなければ、どこへ行ったらいいのかがわかりません。

「いまの暮らしがつらい。幸せになりたい」と言う人に、「では、あなたの幸せとは何?」

と聞くと、何も答えられなかったりします。「お金持ちになりたい」と言う人に、「いくらあればお金持ちだと思う？」と聞くと、黙り込んでしまったりします。漠然とした希望はありますが、目標がないために、どのように行動すればいいのかがまったくわからないのです。

目標設定は一つである必要はありません。

大きな目標だけに絞らず、小さな目標も書いてみましょう。

目標を書くポイントは、**まず5年後の目標を決めて、次に1年後の目標、半年後の目標、3カ月後の目標、1カ月後の目標、1週間後の目標、明日の目標、今日の目標と、細かく細分化していく**のです。

今日の目標や明日の目標は、100％絶対に達成できるものがおすすめです。

なぜなら、小さな目標でも成功体験を繰り返すことで、自己肯定感が高まるからです。

最初から「明日1億円株で稼ぐ」というのはかなり難しいと思いますが、「明日は株の取引口座をネットで開設する」という設定なら、クリアできるでしょう。

尊敬する人のブログにコメントを入れるとか、セミナーに参加するとか、少しずつ範囲を広げていきましょう。

また、**成功する人はメモを細かく書いたり、目標を大きな紙に書いたりしています。**

僕の尊敬する大家さんは、不動産投資を始めた頃、目標を大きく書いた紙を壁に貼っていたそうです。

「思い」を文字にすると、パワーが増してきます。これはもうやってみるしかありません。ちなみに、僕は毎日これをやっています。それはブログとツイッターを通してです。ここに目標ややりたいこと、自分の気持ちを書いています。そして**ブログに書いたことをほとんど実現しています。**

考えて文字を打って、それを自分の目で確認し、さらに人から「昨日のブログを見たよ」と言われることで自分の耳に言葉として入ってきます。何度も自分の言葉が自分の中に入ってくるのです。

ブログに目標を書くと、現実化します。思考は現実化するのです。これは、ふんどし王子も言っていますが、本当におすすめです。

「とりあえずやる」習慣を身につける

「よしやろう」と決意だけをしても、何も始まりません。必要なのは、**とりあえずやるという行動**です。僕は思い立ったら、すぐにやります。

面倒くさがりの人は、何かをするときに「面倒くさい」と思いがちですが、そんなときは、次の言葉を叫んでみましょう。

「面倒くさい……。だけど、いまやろう！」

そして、行動に移すのです。

小さなことでいいので、思いついたらすぐに行動する。この習慣を身につけなければいけません。

これを繰り返すと、段々と**「じっとしていられない体」**になってきます。

毎日、マラソンや筋トレをしている人は、中毒になってしまい、欠かさずトレーニングしないと気が済まないということがありますが、それと同じようになるのです。

「じっとしていられない」「毎日、何かしていないと気が済まない」という自分になると、やりたいことが見つかったら、すぐに行動に移せるようになり、成長スピードが速まっていきます。

僕は、昔から、動き続けないと死んでしまうマグロ体質なので、不動産投資を始めてからは、毎日、物件を見に行くようにしています。そうすると、いいものがあったらすぐに買ってしまうようになりました。なかには、物件をまったく見ないで買ってしまうほど、じっとしていられない体になってしまったのです。

マインドブロックが外れた集団に入る

マスターマインドを知っていますか？

2人以上の人がいて、みんなで統一した目標や願望を持っている集まりのことです。その集団で共通する波長や思考のことを指すこともあります。

このマスターマインドなしに、偉大な力を発揮した人はいないと言われています。

マスターマインドの力があると、**個人の能力を超えて、成功のスケールが際限なく拡大されていく**ことがあります。

「自分の年収はいつも遊んでいる友達の平均年収になる」ということを初めて知ったのは『金持ち父さん貧乏父さん』（筑摩書房）を読んだ頃です。

その当時、本当かなと、やや懐疑的な気持ちで読んでいましたが、いまになって思えば、それは本当でした。

なりたい自分に近づくためには、自分を変えることよりも、**付き合う相手を変える**ことのほうが効果的かもしれません。

そのための第一歩は、愚痴を言い合うような会社の飲み会を断ることかもしれません。あるいはパチンコへの誘いを断ることかもしれません。

別に、これまで付き合ってきた相手に冷たくする必要はありません。

ただ、限りある時間の中で、**長い時間を一緒に過ごす必要はない**ということです。

僕が最近いつも遊んでいる相手は、富山若手大家の会のメンバーです。この仲間に出会えたのは、本当に幸運でした。

このメンバーが集まったＬＩＮＥグループがあるのですが、このグループに所属したことによって、会話の内容や投資の中身を切磋琢磨していき、みんながどんどんお金持ちになっていきました。マスターマインドが発動されていたわけです。

いつも一緒にいる5人の平均年収をざっと計算してみたら、本当に自分の年収と同じでした。

サラリーマン時代は年収３００万～４００万円の友達と付き合い、会社の上司の愚痴を言いながら、生産性のない話をしていました。その当時はそれで楽しかったので、それが悪かったとは思いません。

ただ、いまは話が合わなくなってきました。たまに、地元の友達とも飲んだりしますが、自分の話をすることはあまりありません。

やはり、いま話が合うのは、不動産投資家のメンバーたちです。**昔はお金がない苦しみばかり話していましたが、いまではお金をどうやって増やすかばかり話しています。**

みなさんもお金持ちになりたかったら、**まずお金持ちの中に飛び込む**ことです。「朱に交われば赤くなる」「門前の小僧習わぬ経を読む」ではありませんが、お金がない人たちと話をしても、お金持ちになることはありません。

ノミの話というものがあります。一度、上から蓋をされて閉じ込められたノミは、蓋を外しても、もうその高さまでしか飛べなくなります。

本来、飛べる高さまで飛べるようにするには、どうしたらいいでしょうか?

それは、もっと飛べるノミたちの中に、そのノミを入れることです。

「あれ、みんな飛んでいる。俺も飛べるじゃないか」と気づくわけです。

これは、人間もまったく同じです。

「自分はお金持ちになんてなれない」「幸せになる権利がない」と思い込んでいるのなら、それは、とっくに蓋が外れているのに、それに気づいていないノミと一緒なのです。

僕がいつも遊んでいるグループは、平日の昼間から遊んでいます。たまに働くことといえば、借金をしてアパートを建てたり、誰も住まないようなボロ家を買って人に貸したり、一般社会から見たら非常識なことばかりやっています。

しかし、それが僕たちにとっては常識なのです。

そんな僕たちは、**マインドブロックをお互いに外し合ううちに、どんどんお金持ちになっています。**もちろん、毎日が楽しいです。

自分を変えたいのなら、**マインドブロックが外れている集団に入りましょう。**

「時間」の使い方を変える

サラリーマンをしていたとき、「いつ物件を買ったり、リフォームしたりしているのですか？」とよく質問されていました。

答えは「空いた時間にしています」しかありません。

時間がないという人は、時間について、**優先順位**を変えてみてはいかがでしょうか。

1日は24時間です。新しい行動を始めるのなら、古い行動をやめなければいけないかもしれません。

ビールを飲んで酔っぱらっている時間と、物件を検索する時間はトレードオフです。ポテトチップスを食べながらテレビを見ている時間と、読書をする時間はトレードオフです。会社の仲間と愚痴を言っている時間と、勉強会に行く時間はトレードオフです。

僕はキャバクラが大好きなのですが、サラリーマンをやりながらアルバイトを掛け持ちしていた頃や、不動産投資を始めたばかりの頃は、それほど行っていませんでした。というか、キャバクラでボーイをしていました。いまはお金も時間も十分にあるので、好きなだけキャバクラに行けます。

最初からキャバクラばかりに行っていたら、いまのようにお金を稼ぐことも、自由に生きることもできなかったでしょう。

順番が逆だったら、いまの生活はなかったので、**順番はとても大切**です。自分のステージに合った時間の使い方を常に意識しましょう。

住むところを変えてみる

思い切って**「住むところを変えてみる」だけで、だいぶ簡単に人生が変わります。**

田舎の同調圧力が苦しいのなら、都会に行くだけで自由になれるかもしれません。

親と同居していて、毎日、否定的な言葉をかけられるのなら、実家を出て一人暮らしを始めるだけで、自己肯定感が上がるでしょう。

会社までの通勤時間が長くて自由時間がまったく取れず、「なんのために生きているんだろう」と思っているのなら、会社の近くに引っ越すだけで、自分の時間が増えます。

日当たりが悪くて気が滅入る部屋、上の階の人が夜遅くまでうるさくてよく眠れない部屋、なんとなくその部屋に引っ越してから悪いことが起こる気がするような部屋……、そういう場所からはさっさと引っ越しましょう！

引っ越しをすると、新しいスーパーを探したり、クリーニング店や理髪店を探したり、毎日が新しいことばかりなので、**小さな挑戦と成功体験を積み上げる**ことができます。

もちろん、引っ越す先を決めるのは、自分です。世間体を気にしたり、関係ない人のアドバイスに影響されるのではなく、自分の好きな場所、住みたい場所を選んでください。

人のためにできることをする

僕は自分のことを「社会福祉事業家」だと思っているので、困っている人がいたら、できるだけ力になりたいと考えています。

日本で暮らしていて衣食住を十分に満たせない人間は、本来、日本の社会保障上ありえません。しかし、知識がないために、そのような生活に陥る人もいるので、何かサポートができないかと、日々、実践しています。例えば、追い出されて住むところがない人、無職の人、児童養護施設を出たけれど保証人がいなくて部屋を借りられない子などを、自分のアパートに入れてあげることがよくあります。

仕事をする意欲があるのにうまくいかない人には、仕事を紹介することもあります。コミュニケーションに問題を抱えている人が多いので、仕事が続かないことも多いのですが、僕のアパートに住んだのを機に、生活を立て直せるようになると、本当に嬉しいです。

お年寄りに席を譲るとか、ＩＴの苦手な人のスマホの設定を手伝ってあげるとか、落ちているゴミを拾うとか、落ち込んでいる人の話を聞いてあげるとか、なんでもいいと思います。自分ができることをやってみましょう。

自己肯定感が低いと、「人からどう思われているかな」とか「私で大丈夫かな」と思いがちです。ここは、他人からの評価、自分への執着を捨てて、自分のできることをやるだけです。**ほんの小さなことでも、人の役に立てることをして自分でほめると、自己肯定感が上がります。**

ただし、コツとしては、**見返りを求めない**ことです。

相手によっては、ろくにお礼もしないかもしれませんが、気にしないことです。

よいことをして、**「僕ちゃん、偉い！」「今日も社会貢献した」と思えたら、それだけで十分**です。

自分がよいと思えば、それでいいのです。欲すれば与えよ、与えた恩は水に流し、受けた恩は岩に刻み込め、です。

ちなみに「そんなことをして儲かるんですか？」と聞かれます。

当然、**儲かりません。**趣味みたいになっています（笑）。

でも、僕は「儲かるかどうか」という概念で生きてないので、儲からなくても楽しく感じています。お金はあとからついてきますよ。

ぜひ、みなさんも自己肯定感を高めて自己超越し、誰かの役に立ってください。

僕クラスになると、ホームレスの人に声をかけて自分のアパートに住んでもらったり、刑務所から出てきて行くところがない人に入居してもらったりしたことが何度もあります。

しかも、その元受刑者さんは、入居から2日後に窃盗で逮捕されてしまい、また衣食住と仕事付きの国家管理のハイパーセキュリティＲＣ共同住宅へ強制的にお引っ越しされていったのは、とてもいい思い出です。

「ちょっと無理かも」というレベルに突っ込んでみる

できて当たり前のことをやるよりも、**ちょっと無理かもと思うことをやってみましょう**。自分の限界をちょっとずつ超えていくことで、**自分の限界の幅が広くなります**。

まずは、なんでもいいので挑戦する。失敗を恐れずに挑戦することを身につける。それを習慣にしてみることが、とても大事だと思います。

僕も「お金持ちになる」と決めてから、何度も「無理だろ！」というレベルに突っ込んでいきました。そうしていたら、**年収はサラリーマン時代の10倍以上**になりました。

とはいえ、誰でもいきなり変われるわけではありません。毎日ほんの少しずつ、成長や変化を意識してみてください。

成長や変化はどんなに小さくてもかまいません。それを日常にするのです。**毎日1%ずつ成長すると、福利のチカラで1年後には約3780%（37・8倍）**になっています。もはや1年後には、別人になっているかもしれません。

小さなことをコツコツと積み重ねていくことで、人生は確実に変わっていきます。

第7章

自己肯定感を上げてお金持ちになった人々

この章では、友人の「ふんどし王子」と「グッチー子だくさん」の2人を紹介します。彼らは、大人になってから自己肯定感を上げて、人生が楽しくなると同時に、お金持ちになれました。いわば**富山のシンデレラストーリー**です。

2人とも高校を出てすぐに社会人になりましたが、少ない給料と低い自己肯定感から、「俺の人生、このままでいいんだろうか……」というモヤモヤした思いを抱えていました。

そんな2人も、いまでは家賃年収ウン千万円の立派な小金持ちです。

どうやって自己肯定感を上げて、幸せな小金持ちになったのでしょうか。ハンカチを用意してお読みください。

1 ふんどし王子の自己肯定感アップストーリー

ふんどし王子です。仕事はポールさんと同じ専業大家です。

子供の頃からお金持ちへのあこがれがあり、中学生のときに『金持ち父さん貧乏父さん』を読んだのをきっかけに、将来、投資をしたいと考えていました。不動産投資を始めたのは23歳のときです。

現在、家賃年収は2500万円くらいあります（詳細については拙著をご覧ください）。

家族は嫁と子供2人です。家賃だけで生活できるようになったので、高校を卒業してからずっと勤めていたメーカー系の工場を去年、33歳で退職しました。

ワタクシは富山県の兼業農家の5人兄弟の末っ子として生まれました。

戦争帰りの祖父は厳しい人で、朝から晩まで働き詰めの生活。父は建設関係の会社に勤めていて、昭和のサラリーマンらしく、モーレツに忙しそうにしていました。

母は家事や5人の子育てで、いつもヘトヘトです。「どうして私がこんなことまでやらなきゃいけないのよ」と、よくこぼしていました。ストレスからか、母は某宗教にはまってしまい、それに反対する祖父が経典を燃やして、また家庭内が荒れるといったことがしょっちゅう起こっていました。

基本的に、両親はいつもピリピリしていて、ワタクシはそんな親の顔色をうかがって育ちました。仕事のストレスのはけ口からか、理不尽なことで引っ叩かれることがよくありました。夫婦喧嘩の怒鳴り声や、金切り声、茶碗の割れる音も覚えています。子供というのは、大人が思っているよりもいろいろなことが見えているし、考えているものです。両親が喧嘩をしていると、子供は「自分が悪いんだ」と思います。「兄弟がたくさんいて、迷惑をかけてごめんなさい」と、無意識のうちに自分たちを否定していました。

家の経済状況からいって、自分が大学に行くことはできないだろうと思って、工業高校に進学し、地元のメーカーに入社しました。工場の三交代勤務の仕事です。

ただ、5人兄弟の仲はよかったので、子供の頃は、そこまで悲壮感が漂っていたわけではありません。

たまたま兄の一人が自己啓発本の好きな人で、兄から借りてよく読んでいました。そのため、「自己肯定感」という言葉はポールさんに出会う前から知っていました。でも、知っていることとやれることは別の話。ワタクシの自己肯定感は、やはり低かったと思います。

工業高校を出て工場勤務ですから、まわりは男ばっかり。青春時代に女っ気がないということがまずコンプレックスでした。
女の子とうまく話せないので、恋愛の指南本を大量に購入して読み、ナンパ修業をしていた時期もあります。いまは結婚をして子供にも恵まれましたが、一時期は異性に対して相当こじらせていました。

子供の頃、無給で畑作業を手伝わされていたので、お金を頂ける工場の仕事はそれほど嫌いではありませんでした。現場が会社を支えているという自負もありました。なので、あるとき、本社の人たちの中に、工場（現場）で働く僕らを下に見る人がいることを知ったときはとても悲しかったです。
大卒で入社した同期が本社に異動になり、その後、僕のいる工場を見に来たとき、スーツ姿の彼と作業着の僕との間に気まずい空気が流れました。研修では一緒にふざけていたのに、仕事が始まってからは、高卒と大卒とで振り分けられていく。その差はいつの間にか大きく開いていました。

そんななか、ワタクシには不動産投資がありました。

本を読んで勉強して23歳で最初の不動産を買い、その様子を綴ったブログを発表すると、ブログを通じて全国に仲間ができました。

その頃、自分に自信があったわけではなく、ブログに変なコメントを書かれて落ち込んだりもしましたが、不動産投資家でブログをやっている人は自己肯定感が高い人が多く、僕を励ましたり、引っ張り上げてくれたりしました。

「天才だ」と言われるたびに自己肯定感が上がった

ポールさんとの出会いは、ポールさんがワタクシのブログを見ていたことから始まります。あるとき、ワタクシがセミナー開催することをブログに書くと、ポールさんが来てくれました。それが最初の出会いです。いまではすっかりズッ友（ずっと友達）です。

友達としてという以上に、ワタクシの人生に多大なる影響を与えている一人がポールさんです。

ポールさんは自分のことをいつも「僕ちゃん天才」と言っていますが、ワタクシのことも「ふんどし王子は天才だ、神だ」「インプットの量とアウトプットの質がすごい」と会うたびにほめてくれます。

人間は自分のことを知っているようで意外と知りません。自分が思っている自分と、他人が思っている自分との間には乖離《かいり》があります。そして、自己肯定感が低いと、自分の価値に気がつかないし、認めてあげられません。

ワタクシはポールさんから「ふんどし王子は天才だ」と言われるたびに、自分の自己肯定感が上がるのがわかりました。

ポールさんはワタクシだけでなく、仲間のよいところを見つけてほめる天才です。ポールさんを見ていると、「この人の根拠のない自信はすごい」と思うのですが、結局、自己肯定感を高めるのに一番大事なのがそれなんだと思います。

ポールさんがほかの人にしているように、ワタクシもよくポールさんをほめています。

「ポールさんって、本当にすごいよね」

「人の悪口を言わないし、何か言われても全然気にしないところがカッコいいよね」

「口だけじゃなくて、めちゃめちゃ働くし、絶対に大金持ちになると思う」

すると、ポールさんは何を言われも、うんうんと満足そうに頷きながら「そうなんですよ」と答えます。「そんなことないです」なんて謙遜したことはありません。

結論として、「自分のことを天才だと思う天才」なのがポールさんです。

ポールさんは自分のやりたいことをいつも楽しそうに話し、次に会ったときにはそれを実行しています。

100個やりたいことを口に出して、1個叶えるのが普通の人のペースだとしたら、ポールさんは1万個やりたいことがあって、100個を叶えている感じです。

リフォームで失敗したり、夜逃げされたりしたこともゲラゲラ笑って話しています。まったく恥ずかしいと思っておらず、「人からよく見られたい」「失敗したらバカにされる」という発想がまったくないようです。

これも自己肯定感の高い人の特徴だと思います。

自己肯定感が高くなると、「みんな違って、みんないい」と思えるようになります。

例えば、車一つとっても、スーパーカーを持っている人たち、高級車の中古を安く買って乗っている人たち、車はお金を奪う「消費財」との考えからマイカーを持たず、レンタカーで十分と考える人たちなど、いろいろな考えがあります。

どれが正解でどれが不正解ということはありません。

その人の将来の目標に矛盾しないなら、好きな車に乗るのが正解だと思います。

サラリーマン時代、お金を貯めるために安い中古車に乗っていたら、「若いうちしか、いい車には乗れんぞ」「よくそんなゴミに乗れるね」と会社の仲間から冷やかされました。内心では悔しく思いましたが、それを噛み締めて、自分を貫きました。

会社の仲間と遊ぶのは楽しく、入社したばかりの頃は一緒にパチンコや釣りに行っていましたが、段々と話が合わなくなっていき、会社以外で会う時間は減りました。その代わりに、不動産投資家の仲間と会う時間を増やしたことが、僕にとってのターニングポイントだったように思います。

どちらがいい、悪いではなく、その人のステージや考え方の違いです。

世界旅行に行って感じたこと

ワタクシは去年、会社を辞めて、ポールさんと世界一周旅行に行ってきました。

ポールさんは学生時代、バックパッカーだったので海外に慣れていて、英語で現地の人に自分の意見を堂々と伝えます。誰にでもフラットなのは、海外でも同じです。

ワタクシのほうはというと、新婚旅行で南の国に観光で行ったくらいの経験値で、英語もまったくわからず、最初の頃はずっとビクビクしていました。暗い路地に入ったら銃を突きつけられるんじゃないかとか、悪い想像で頭がいっぱいでした。

不動産投資で成果を上げて自己肯定感もすっかり上がったつもりでいましたが、何もわからない場所に来ると、またゼロに戻ってしまったような心持ちでした。

でも、世界を回ってわかったのは、世界中の人のほとんどが楽しくてフレンドリーで親切だということ。それがわかると、ワタクシも日本語と中学英語がごっちゃに混ざった言葉で外国の方に話しかける勇気が出てきました。

「おどおどして汗をかきながら外国人に怯《おび》え、話しかけない人よりも、日本語が通じないのに堂々と話しかけて、自分の意思を通そうとする人のほうがカッコいい」とポールさんも言っていました。

言葉が通じると、それは自信になりました。なんだってやってみるもんだとも思いました。

やったこともないことをあれこれ考えたり、やっている人を批判したりすることには、なんの意味もありません。

自己肯定感の高い人について誤解してはいけないのは、失敗もたくさんしているということです。

でも、すぐに立ち直って、次のことをやっています。そして、うまくいくまでやり続けます。だから、遠くから見ていると、ずっとうまくいっているように見えるのでしょう。

水面を優雅に泳ぐアヒルも、水の中では激しく動いているものです。

今年、両親に念願の北海道旅行をプレゼントすることができました。

社会に出て工場勤めをし、家庭を持つことによって、両親のしてきた苦労がわかるようになりました。そして、自分の人生を楽しいと思えるようになったら、育ててくれた親やご先祖様への感謝の気持ちも強くなりました。

今後は、自分の子供たちにも「人生は楽しいものだ！」という強烈なメッセージを送り、「大人はうらやましい！　早く大人になりたい！」と思われるような生き方をしていくつもりです。
愛情を持って一緒に遊びまくっていたら、子供たちも自己肯定感の高い人間に育つと思っています。

ふんどし王子の著書

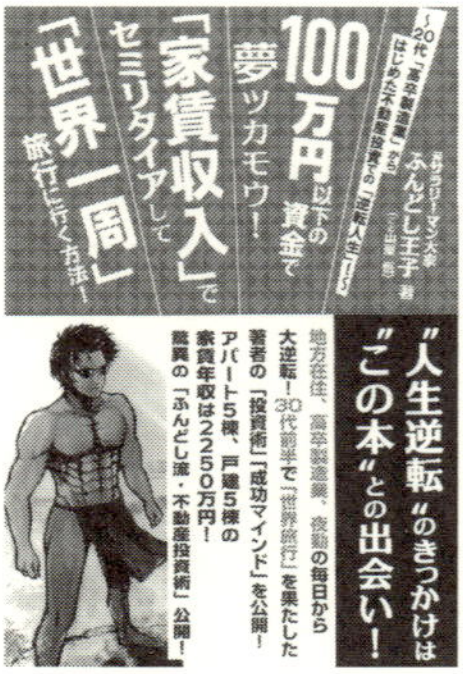

『100万円以下の資金で夢ツカモウ!「家賃収入」でセミリタイアして「世界一周」旅行に行く方法!』(ごま書房新社)

2 グッチー子だくさんの自己肯定感アップストーリー

僕は障害を持った両親の家に生まれ、一人っ子として育ちました。両親はとても大切に育ててくれましたが、生活は裕福とは言えず、自宅も町はずれの大きな精神病院の裏側の団地で、昼間でも日光はあまり入らず1日中暗い雰囲気でした。

小さい頃から、自分の家は福祉のおかげで生活が成り立っていることに気づいていて、まわりから「かわいそうな子」と見られていることを感じていました。

そんな僕は、高校卒業後に同級生たちが地元の企業に就職していくなか、「みんなと違うことをやって、すごいと思われたい」という単純な動機で、キャバクラの雇われ店長になるという暴挙に出ました。

水商売の仕事は大変でしたが、給料も普通の企業の初任給より多かったので、中古のBMWを買いました。これも「BMWに乗るなんて、すごいね。お金持ちだね」などと思われたかったからです。虚勢を張っていました。

仕事上、女の子の送迎や買い出しなどで車に乗ることが多く、ガソリンを1回満タンにすると1万円が吹き飛んでいたので、お金はまったく残りませんでした。

お金がないないといいながらも、お金をどう稼ぐかについてマジメに考えることもなく、ただただ毎日同じルーティンをこなしていました。

そんな状態で、当時付き合っていた彼女との間に子供ができ、結婚することになりました。さすがに仕事の内容も収入もこのままではいけないと思い、車を軽自動車に乗り換え、キャバクラも辞めてメーカーの工場で働き始めました。収入も少し増え、福利厚生などは厚くなりましたが、生活コストがそれ以上にかかり、生活が豊かと感じることはありませんでした。

その後も次々と子供が生まれ、最終的には5人の子の父親になり、まさに貧乏子だくさんです（僕のニックネームはここから来ています）。


自己肯定感の低かった僕は、まわりからどのように思われるのかということが気になっていました。

「父親として、子供を厳しく育てなければいけない」

「若い父親だからといって、まわりになめられてはいけない」

「兄弟が多いからと、子供たちに恥ずかしい思いをさせてはいけない」

「子供たちにしっかり勉強させて、先生の言うことを聞く子に育てよう」

世間のルールみたいなものに自分や家族を勝手に当てはめて、思い通りにいかないと、イライラしたり、腹が立ったりしていました。とても息苦しく窮屈な生活です。

いま思うと、家族みんな元気なら十分ですし、もっと前向きな考えでよかったと思います。

マスターマインドの力で人生が変わり始めた

そんなとき、ネットワークビジネスに誘われました。お金に困窮していたこともあり、稼げるのであればやってみたいと思ったのです。

ネットワークビジネスというのは、誰かを勧誘して仲間になってもらわないと、お金が入らないシステムのため、高校の同級生だったふんどし王子に「一緒にお金持ちを目指そう」と誘ってみました。

ところが、ふんどし王子は、意外なことを言いました。

「悪いけど、俺はネットワークビジネスには興味がない。実は、不動産投資をやっていて、もうけっこうな収入があるんだ。若手の大家でよく集まって飲み会をやっているから、よかったらおいでよ。ネットワークビジネスよりもリスクは低いと思うよ」

久しぶりに会ったふんどし王子があまりにも楽しそうに不動産投資のことを話すので、とても気になり、その飲み会に参加することにしました。

そのメンバーの中に、ポールさんというイタリア人風の人がいました。いつも「僕ちゃん天才」と酔っぱらって叫んでいるのですが、ふんどし王子と同じく、物件を買って家賃収入をどんどん増やしていきました。

ある日、仲間内でどんな車に乗っているとモテるかという話になったとき、ふんどし王子が「俺はシビックに乗っていたからモテなかった」と言うと、ポールさんが「僕は大学時代に黄緑色のファンカーゴに乗っていたけど、助手席にギャルを乗せてブイブイ言わせていたぞ。車の種類は関係ないだろう」と反論したのです。

「車がしょぼいからモテない」という考えは、自分に自信がなくて女の子に声を掛けられないことの言い訳にすぎず、自己肯定感が高い人は、どんな車に乗っていても、キレイな子にどんどん声を掛けて、助手席に座らせてしまうのです。

当時は、何かやりたいことがあっても、「でも」とか「だって」とか「どうせ」などと言って逃げてしまい、チャンスに飛び込めませんでした。かわいい子がいたら、「かわいいね」と伝えていれば、もっと楽しい青春になっていたかもしれません。

そのグループのみんなと一緒にいる時間が増えると、僕にも不動産投資ができそうな気がしてきたので、みんなのマネをしてみることにしました。始めてみると、少しずつ物件を増やすことができ、収入が増えていきました。

途中、古い鉄骨コンクリートのマンションを買ったものの、修繕費が足りなくなって、落ち込んでいると、ポールさんとふんどし王子たちが相談に乗ってくれて、ほかの仲間から解決策のヒントをもらうことで無事に問題を乗り切ることができました。

このときは、本当にマスターマインドの重要性を感じました。とてもありがたかったです。

最初はハッタリでも、それが本当になってくる

ある日、ポールさんとふんどし王子と話していて、号泣したことがあります。

「グッチーは妻と5人の子供を養っていてすごい」

「よくがんばっている。天才だと思う」

「十分によくやっているよ。見る人はちゃんと見てくれているよ」

こんなことを言われているうちに、僕の中の心のダムが決壊したのです。

自分の生い立ちや子育ての環境から、人からほめられた経験がほとんどなく、自分

なんてダメな父親だと思っていたので、認めてもらえたことが嬉しくて、涙が出てしまったのだと思います。

この頃から、僕は2人の言葉を素直に聞けるようになりました。

そして、仲間たちはいつも僕をほめてくれるので、「本当は天才かもしれない」「僕だってできる」と考えられるようになり、挑戦することが怖くなくなりました。そこから、不動産を買うスピードがさらに加速しました。

最初は「僕はできる」と言いながら、本当に信じていたわけではなくて、それはある意味、ハッタリでした。でも、言い続けていたら、本来持っていた自分の力以上のものが出てきて、ものごとを進めることができたのです。そして、それが自信になって、実力が追いついてきたように感じます。

いまでもポールさんとふんどし王子は、僕に会うたびに「グッチーはすごい」と言ってくれます。ただ、ポールさんに関しては、いつも言っているので、その価値が薄まってきているような気がします。でも、とても嬉しいです。

正直、自己肯定感という言葉は、ポールさんと出会うまで知りませんでした。そもそも、肯定というのは、他人にしてもらうものだと思い込んでいました。

昔の僕は、自己肯定感が低く、コンプレックスでいっぱいでした。でも、自分で自分を認めることの大切さを知り、仲間たちからも僕のいいところをたくさん教えてもらって、少しずつ、自分のことが好きになり、自己肯定感も上がりました。

いまは挑戦することがまったく怖くなくなり、新しいことに向かうときはワクワクするようになっています。

過去の自分から抜け出すには環境をガラリと変えること

自分を変えたいのなら、環境をガラリと変えることです。

会社でも付き合う人でも、ガラッと変えることです。引っ越しでもかまいません。

僕の場合は、付き合う人が変わったのがよかったです。

過去のトラウマを思い出したときは、「俺は変わったんだ。変わったんだから、もう問題はない」と自分にハッタリをかまして、新しい毎日をどんどん上書きしていきます。そうすると、上書きした環境に自分が慣れていき、それが普通になります。

いまの自分を自分で肯定できるようになると、過去の自分のせいで不幸だという気持ちから、過去の自分のおかげでいまがあると思えるようになっていきます。思い出まで意味が変わるのです。


自己肯定感が低い人は、夢を追いかけるとき、遠い成功ばかりを見ていて、その遠さから途中で心が折れてしまうことがあります。

そうならないためには、コツコツ上ってきた階段を一段一段振り返ってみて、自分の足跡をほめてあげるといいと思います。

「ここまで来たんだ」と、少し前に進むたびに振り返り、ちょっとでも進んだ自分を認めてあげると、また前に進んでいけます。そして、それを続けるうちに、行きたい場所に行けるようになります。

いきなり目的地までワープはできませんから、それは諦めてくださいね。

世間の価値観は関係ない、家族が幸せならそれでいい

ポールさんのブログやツイッターを見ていると、めちゃくちゃな人に見えますが、近くにいる僕から見ると、ものすごい努力家です。ゼロから一を生み出す天才です。新築アパートにせよ、ボロ物件にせよ、人から学んですぐに実行して結果を出す天才でもあります。

さらに、それをブログやセミナーなどで、自分のスタイルとして表現できるのがすごいと思います。おまけに、銀行に出す決算書はピカピカで、きちんとしたところからも評価されています。

ほかに行くところがないワケありの入居者さんたちとコミュニケーションをとり、家賃を回収しながら、福祉につないだりして、彼らの社会復帰を応援しているのも、ポールさん以外にはできないと思います。

ポールさんの表面的な部分だけを見て「あいつはメチャクチャなやつだ」と言う人もいますが、そういう話を聞くと、「何も知らずに批判している人の言うことなんて、

気にする必要はない」ことが改めて実感できます。そんなことは、何もプラスになりません。

ポールさんやふんどし王子と出会ってからは、自分の家族にも「世間の価値観は関係ない。家族が楽しく暮らせればそれでいい」という考えで接することができるようになりました。そうしたら、家にいる時間が楽しくなってきたのです。

もちろん、仲間たちと過ごす時間もとても楽しいです。

家賃収入から銀行への返済や経費を引いたキャッシュフローは、本業の収入を超えるようになりました。以前は子供が5人もいて不安だらけでしたが、いまは自己肯定感とマスターマインドのおかげで、人生の選択肢が広がって、将来がとても楽しみです。

第8章

世の中はお金をつくる方法であふれている

ここからは、**お金持ちになる方法**を紹介します。

正直な話、自己肯定感が高くなくても、努力次第でお金持ちになることは可能です。おすすめはしませんが、人を騙してお金を増やすという選択肢もあります。

でも、たいていの人は、**幸せなお金持ち**になりたいと思っています。

そして、僕が尊敬している幸せなお金持ちやカッコいいお金持ちは、決まって**みんな自己肯定感が高い**のです。

自己肯定感を上げると、挑戦が怖くなくなることはすでに書きました。それを利用して、お金持ちになることにチャレンジしてほしいと思います。幸せなお金持ちになって、一緒に「僕ちゃん天才！」と叫びましょう。

お金の「使い方」の常識を捨てる！

結婚されている方や彼女がいる方で、週に何回くらい遊びに行っていますか？

よく、結婚するとお小遣い制になって飲みにも行けないという話を聞きます。みんなそれが普通だと思い込んでいるようですが、**僕はそんなのは嫌**です。

僕は奥さんに、毎月決まった生活費を渡して、自由に飲みに行っています。もちろん、お金に余裕ができたから、それができるということはあります。

でも、それ以前に、奥さんや世の中の常識やルールに従って生きているから、そうなってしまったという部分もあるのではないでしょうか。

僕の住む富山県では、結婚したら家を新築して一人前、子供が就職したら新車を買ってあげるのが当たり前という風潮があります。

なんで？　どう考えても、おかしくないですか。

僕は自宅として中古の家を買いましたが、まわりからはかなり蔑《さげす》んだ目で見られました。

それが、いまでは、**みんなからあこがれの視線を集めています。**

車も中古です。

そこにお金を使わなかったので、アパートや貸家を買えて、お金持ちになれました。

誰かが決めた文化やルールに従っていたら、きっと貧乏になっていたでしょう。

副業やビジネスにしてもそうです。稼ぐためには、こういう方法でなければいけないと思い込んでいる人が多くいます。

しかし、そんなことは決してありません！

「家を10万円で買って4万円で貸すなんて非常識だ！」と言われたことがありますが、僕からすると、**家を3000万円で買うほうがよっぽど非常識**です。

みんな、誰かがつくりあげた常識に縛られて、それが正しいと思い込んでいるだけです。

お金持ちになるには、**「お金持ちでない人」の常識から離れる**必要があります。

利ザヤで稼ぐ！ メルカリ、ヤフオクで500万円の利益

いまの日本は10年前に比べて、お金を稼ぐ方法があふれていると思います。

僕は不動産投資を始めるにあたって、売れるものを全部売って資金をつくりました。ヤフオクやメルカリで資金を稼いだこともあります。

いま持っているものを売るだけでも、お金をつくることができます。

僕が不動産投資を始めた頃、知識もないまま、勢いで新築物件を建ててしまいました。当然、空室はなかなか埋まらず、非常に苦しい思いをしました。

当時は新築物件をつくれば、完成前に満室になると思い込んでいました。ところが、12月に完成してもまったく埋まらず、この先どうなるのかがわからず、頭がハゲかけました。

結局、繁忙期の3月に満室になったのですが、本当にド素人だったため、新築物件がその時期に埋まることすら理解していませんでした。

新築物件が完成しても埋まらなかったとき、「このままでは銀行に返済ができない」と思って、お金を稼ぐ別の方法を必死で探しました。

その頃、ちょうどメルカリというものが流行《はや》り始めており、ここで利益を上げて不動産の返済をしようと思いました。

お金持ちになろうと思って始めた不動産投資なのに、次は不動産投資の支払いのために、新たな仕事を見つけるという結果になりました。**完全に本末転倒**です。

もともと機械音痴で、パソコンやネットが苦手でしたが、必死に研究した結果、海外から商品を輸入し、その原価に1000円上乗せして利益を得る、通称**「1000円抜き」**と呼ばれる技を編み出しました。

いろいろな物を売っていましたが、とくに**シーズンに合わせたものを仕入れると、爆発的に売れ**て、合計で**500万円ほどの利益**になりました。

この頃は、不動産とサラリーマンとアルバイト、そしてヤフオク&メルカリとフル回転の毎日でした。

ここで儲かったお金を貯金して、不動産をさらに購入するという感じで、**資金を回転させながら、お金の雪だるまを大きくしていきました。**

一番売り上げを上げたのは、クリスマスシーズンです。12月だけで80万円の利益がありました。

ほかの月も安定的に売り上げがあり、**サラリーマンをしながらでもコンスタントに毎月30万円ほどの利益を上げていました。**

このメルカリで稼ぐ手法が一部で注目されたこともあって、「メルカリ大家ポール」というブログの名前が誕生しました。

いまはもうやっていません。メルカリやヤフオクで1個当たり1000円の利ザヤを抜くのは、アルバイトよりだいぶ効率がよいのですが、結局は時間の切り売りで、売れれば売れるほど、忙しすぎて自分の時間がなくなってしまいます。

僕はいま不動産投資家になったので、ヤフオクとメルカリ1個1000円の利益を抜くのなら、**不動産を1戸売って1000万円抜くほうを選びます。**

ただ、いまでもヤフオクやメルカリだけでご飯を食べていくのは十分可能だと思います。

情報発信がお金になる時代

僕は会社を辞めたあと、ツイッターやYouTubeチャンネルの運営を始め、スタートからわずか2カ月で収益化に成功しました。

以前、僕が講師を務めたセミナーで会った人の中に「自己資金が1000万円あるので、これを元手に不動産投資を始めたい」と言う人がいました。

どうやってお金を貯めたのか聞いてみると、なんとｎｏｔｅというサイトで自分の体験談やノウハウを販売したというのです。ツイッターでその情報を拡散して注文を取り、１０００万円貯めたと言っていました。

年齢は30歳前後の若い男性です。そのツイッターを見ていてファンになり、いまでは勝手にズッ友だと思っています。

ブログに広告を貼ってアフィリエイトで月に２００万円の収入を得ている人もいました。

このように、お金を稼ぐチャンスや方法は山ほどあります。**家から一歩も出ずに、お金を稼ぐことも十分に可能**です。

やろうと思えば、どんな方法でもお金を貯めることができます。

できないと思っているのなら、それは単なる思い込みであって、「事実」ではありません。

実際に、それをやって儲けている人が世の中にはゴロゴロいるのです。

自分流の方法にこだわらず、**先にやっている人のマネをしたり、アレンジしたりして、お金を貯めればいい**のです。

ただし、ネットにはお金を稼ぐ方法と称して、**何のノウハウもない情報商材が溢れているので注意が必要**です。

成功に向かってがんばることが大切

僕は正社員をしながら、昼は土木のアルバイト、夜はダーツバーの店員やキャバクラのボーイを掛け持ちでこなし、いくつものアルバイトを同時にやっていました。

そこで稼いだお金を使って、バイクやアメ車などに乗ったり、海外旅行に行ったりして豪遊していました。

休みなくずっと働いていたので、お金がすぐに貯まっては、それを使っていました。

しかし、ある日、お金を稼いでも、使っていてはず**ずっと働き続けなければいけないことに気づいた**のです。このままではお金持ちにはなれません。

僕なりにがんばっていましたが、**成功する方向を間違えていた**のです。

そこで、この努力を**「労働時間を減らしながら、お金持ちになる」方向に変える**ことにしました。そして、不動産投資を始めたのです。

この「成功に向かってベクトルを正しい方向にする」ということができてない人がとても多いようです。

がむしゃらに走っているだけでは、一生、目指すゴールには着きません。

成功する方法に向かって正しく努力することが非常に重要です！

僕の知り合いに、大企業に勤めていたのに、自分で仕事をしたいと言って、いきなり会社を辞めた人がいます。辞めたあとは完全ノルマ制の仕事に就きましたが、とても苦しそうでした。

自分の夢に向かって進むのは素晴らしいことですが、その前に、正しい方向に向かって努力することについて、もっとしっかりと考えるべきだったのではないかなと僕は思っています。

例えば大企業にいる間に、その会社の属性を使って、融資を受けて貸家を買っておくなど、収益を生む資産を積み上げておけば、ある程度のリスクを背負っても、自分の好きな仕事を続けられたのではないでしょうか。

僕は何かを始めるとき、「きっとうまくいく」と楽観的に考えると同時に、最悪の状況も想定して動いています。

やってみないと成功するかわからないので、失敗したときに備えて、再起のチャンスを残しておくことが大切だからです。

いまの僕のまわりには、いろいろなアドバイスをくれる仲間がいます。それが、大失敗を回避するのにとても助かっています。それもこれも、自己肯定感の高い仲間がいてこそです。

値段の歪みを見つければ、お金持ちになれる

世の中は、値段の歪《ゆが》みでできています。

値段の歪みで価値が決まるといっても過言ではありません。

メルカリやヤフオクを活用していたときは、海外と国内の値段の差を見つけて、利ザヤを1000円抜いて稼いでいました。

高級魚は1匹数千から数万円しますが、海で捕まえればタダです（密漁にならなければ）。

不動産の売買では相対取引といって、売主と買主同士が値段を直接決めることができるため、値段はあってないようなものです。

全国的に**決まった定価がないものが多く存在する**のです。

地元の人間だと価値があるもの（または価値がないもの）が、ほかの地域ではその逆になることがあります。その**価格の歪みに注目する**わけです。

富山では、駅近の家でも、子供が東京に行ってしまい、もう帰ってこない人にとっては、タダでも処分したいお荷物物件になります。保有していること自体がストレスなのです。

しかし、地元の人にとっては、立地のいい場所です。

東京の人からすると、管理などの負担が大きいので、ただ同然の値段でも手放したくなります。最近では、お金を払ってでも土地を引き取ってもらいたいという人も多くなっています。いわゆる「田舎の空き家問題」です。

それをタダ同然で買って、人の目に触れるようにネットで売りに出せば、どうなるでしょうか。市場流通価格が700万円だとすると、僕たち**不動産投資家にとって、それは700万円を道で拾ったのと一緒**になります。

そういう取引はいつの時代もあります。

田舎の不動産屋さんやポータルサイトの片隅に、**数百万がいつも転がっている**のです。

ちなみに、僕は常識を超越しているので、現金200万円をもらって、駅近の店舗と家と、現在も賃貸中の貸し駐車場をもらったことがあります（詳細については第9章をお読みください）。

その逆もあります。東京ではノドグロが高級魚として流通していますが、富山の漁師に聞くと、ちょっと前まではみんな捨てていたと言います。ここに歪みが生まれるのです。

こうした歪みを見つけて行動すれば、簡単に誰でもお金持ちになれると思います。

この歪みを見つけるポイントとしては、やはり**毎日毎日チェックする**ということ。

そして、**チェックするのは自分の好きなカテゴリー**にすることが重要です。

好きでもないものに興味を持つのは難しいです。それを毎日見るのは、はなはだ苦痛だと思います。

好きこそものの上手なれ。自分の好きなカテゴリーやジャンルで、毎日、値段や相場をチェックしてみましょう。

僕はスニーカーやフィギュアが好きだったので、外国と日本の差をよく調べていました。

マニアックなジャンルほど高値がつくことがあります。

逆に不動産の場合は、マニアックだと、ライバルがいなくなって、とても安くなります。ブルーオーシャンの世界が広がっている可能性があります（その後の作業で大きな試練が待っているので、誰も見向きもしないという側面はありますが……）。

やはり**歪みの金額が大きいのは不動産が一番**ではないかと思っています。

第9章

クレイジーマインドで不動産投資！

僕は自己肯定感がマックスなので、他人の常識を気にせず、自分の常識で行動しています。それは不動産投資でも同じです。基本を勉強し、成功者の意見を大切にし、自分の直感を重視して行動してきました。そして、いまではすっかりお金持ちです。

最初に言っておきますが、ここで書くやり方は僕にしかできません。それなのに、なぜ書くのかというと、僕の考え方を伝えることで、みなさんに、**自分流のやり方を見つけるヒント**をつかんでほしいからです。

得意なことは人それぞれなので、別に不動産投資でなくてもいいと思います。大切なのは、**自分の気持に正直に、目標に向かって行動する**ことです！

誰も買わないから、安定収入が手に入る

不動産投資では大きなお金が動きます。借金をする場合には、相応のリスクもあります。でも、自己肯定感がマックスの僕は、不動産を買って、人に貸し、それでお金を稼ぐ方

法があると知った瞬間、「僕も大家になる！」と決めました。

そして本やブログを読んだり、地元の大家の先輩に教えてもらったりして、5年で家賃は4000万円になりました。

最初は区分所有のマンションを買いましたが、思ったほど儲からなかったので、次に新築アパートを建てました。

その後、試行錯誤をして、いまは**現金買いの超高利回り物件**を主に買っています。30棟ほどのボロ家を購入し、それを人に貸して、毎月50万円以上の安定収入を得ています。

買った値段は、高いもので350万円、**一番安いのはゼロ円**です。

お金を払わず、逆に処分代として、**売主さんから200万円をもらった**ものもあります。

なぜ、こんなことができるのかというと**「誰も買わないし、誰も借りない」と思われている物件**だからです。

人口減少が進み、空き家問題が全国に広がる中で、家の値段はどんどん安くなっています。その一方で、あまり知られていませんが、**日本には「ボロでもいいから、安ければ住みたい」「どんなボロボロでも、自分の希望する場所なら住みたい」と**

いう人が存在するのです。

つまり、**人にとっては「タダでもいらないもの」「お金を払ってでも処分したいもの」を使って、僕はお金を稼いでいる**のです。これが歪みです。

自己肯定感が高い僕は、どんな困難にも挑戦する心が培われているため、物件がボロければボロいほど、その物件に入居者をつける方法はないかと考え、どんどん燃えていきます。

1件1件では大きく儲からないかもしれませんが、この**ボロを圧倒的な量とスピードで買うことで、僕はサラリーマンをリタイアすることができました。**

誰も買わないものを独自の手法で商品化することによって、僕は自由を手に入れたのです。

みんながやりたがらないことにこそ価値があるのです。

170万円で買ったボロ戸建をシェアハウスに改造

不動産投資を始めた頃はお金がありませんでした。ボロ戸建投資は資産を増やすスピードが遅いので、1回物件を買うと、現金がなくなり、回収までに数年かかります。

僕は、大きくお金を稼ぐ方法を探していました。

そんなとき、自分で空き家を探して、所有者を見つけ、その人と交渉して個人売買で土地と建物をゲットしました。金額は170万円で、間取りは7LDKの豪邸です。

普通にリフォームして貸せば、家賃6万5000円がいいところです。

当時、流行っていた「テラスハウス」という番組を観ていると、ナイスアイディアが浮かんできました。

自分の手でシェアハウスに改造しよう！

まわりの人からは「富山のような田舎で、シェアハウスなんて無理だろ」と言われました。実際に、富山には、シェアハウスの入居者の募集をしてくれる不動産屋さんもありませんでした。

でも、僕は、**一度やると決めたらやる男**なのです。

水回りの修理だけはプロの職人さんに外注しましたが、風呂、トイレを新品にしたり、駐車場を増設したりするのは自分で行いました。そのほかに、内装もすべて自分で手直しし、瓦も自分で直しました。お金がなかったので、初期投資を抑えるためです。

建物とリフォーム費の合計は350万円くらいになりました。

完成後に1部屋の家賃を3万円で募集すると、7

部屋すべてに入居者が決まり、**毎月21万円の収入**になりました。利回りは約70％ですから、**1年半ほどで元が取れる**計算です。

この物件を2年所有したあとで売りに出すと、**不動産屋さんが収益物件として1000万円で買ってくれました。**

このように、みんながいらないと思っていた家を自分の手で商品化できたことで、**「僕ちゃん天才」という思いはさらに強くなりました。**

1万円で借りたものを6万円で貸す

不動産投資というと、初期費用がすごくかかるイメージがあります。それは間違いではありません。僕も350万円のマンションから始めました。

ただ、やや変則的ですが、**数万円の資金でスタートして、家賃収入を得る方法**もあります。

実際に僕もやっているのですが、**サブリース、転貸**という方法です。

簡単に言うと、**又貸し**です。人に借りたものに利益を乗せて、別の人に貸すわけです。

例えば、大家さんから1万円で家を借りて、5万円で借りてくる人を見つければ、自分に4万円が入ります。僕は現在、1万円で借りたものを直して6万円で貸しています。

このときの注意点は、**大家さんとの間に「転貸借契約書」を結ぶ**ことです。それを結ばずに勝手に部屋を又貸しするのは、大家さんと交わした賃貸借契約を破ることになるので気をつけましょう。

僕はこのやり方で、アパート1棟を丸ごと借りています。その物件を自費でリフォームして、自力で客付けをし、入ってきた家賃をアパートの大家さんと折半しています。これなら元手があまりなくてもできる方法です。

いま、全国で空き家が問題になっているので、わずかでもお金をもらえるのなら貸したい人が大勢います。売りたくないけど、空き家がお金になれば嬉しいという人もいます。

僕はいま10棟くらい転貸の物件を持っていて、そこから手残り額として月20万円以上稼いでいます。**自分の建物ではありませんが、これだけで食べていくことができます。**

みなさんも近くの空き家を調べてみてはどうでしょうか。空き家の再生は、**社会貢献にもなる**のでおすすめです。

至るところに激安のお宝が眠っている

このように、いろいろな不動産からお金を稼ぐ力が身につくと、街の景色がこれまでとは違って見えてきます。

僕はマラソンや自転車が趣味なので、ジョギングやサイクリングをよくするのですが、もう街に出るだけで、**すべてがお宝に見えてきます。**

空き家の多いエリアなどは**地面にお金が落ちているようにしか見えません。**

一番大事なのは、人がいらないゴミと思っているものを商品化する力です。

これによって、元手がゼロでもお金を稼ぐことができるようになります。

空き家やボロ物件はまさにそうです。田舎にあるボロボロの物件は、東京に行ってしまった持ち主にとってはタダでも処分したいお荷物です。お金を払ってでも処分したいという人もいます。

不動産だけでなく、ヤフオクやメルカリでも同じです。

世の中で売られているものはすべて「自分はいらないけど、**誰かが使うかもしれないから値段をつけて売る**」ことで商品化したのです。

自分にとってゴミでも、誰かにとってはお宝なのです。

利回り100%は当たり前!

不動産投資の収益は、利回り（家賃収入÷物件価格）という指標で表します。

ざっくりですが、利回り10％なら10年で回収。利回り20％なら5年で回収。利回り50％なら2年で回収というように、利回りで投資資金の回収期間の目安がわかります。

一般的に、東京で利回り10％（10年で回収）であれば、超優良な投資案件ではないでしょうか。地方では土地が安いので、戸建なら15％から20％あれば優秀だと思います。

そんな中、僕の戸建収益物件の**平均利回りは100％を超えています**。つまり1年で元を取れるということです。

不動産投資はリスクが大きいと思

われがちですが、1年で元を取れれば、たいてい大丈夫です。

一番大きい単年利回りは236万%です。『ドラゴンボール』の戦闘力のような数字ですが、これは200万円の現金をもらって譲ってもらった物件だからこそできたものです。その物件には、毎月3万円で賃貸中の駐車場がついていました。

本当は、分母がゼロなので無限大の利回りになりますが、分母を1円で計算しています。

なぜ、こんな取引ができたのかというと、相続でその不動産を引き継いだ人が、賃貸経営にまったく興味がなく、むしろ将来のお荷物になると考えたためです。すでに月3万円という収入があるのに、「お金を払ってでも処分したい」という思考に辿《たど》りついたようです。

信じられないかもしれませんが、実際にこういう取引があります。

僕の超越した**自己肯定感が引き寄せた**のかもしれません。

実は、あなたの近所にも、そういう人がめちゃくちゃいっぱいいると思います。**あなたが知らないだけ**です。世の中には、そういう**「あなたの常識では考えられないようなこと」が溢れています。**もはや、**お金をもらって家をもらうもの**というのは僕の中で常識になりつつあります。

誰も買わないものを買っていると、銀行が「1億円借りてください」と言ってくる

僕は誰も買わない空き家を20万円や30万円で買って、平均家賃4万円くらいで貸し出ししています。

それを1年に10棟以上買い、自分で直して、自分で入居者を見つけ、収益物件に変身させました。

すべて現金で買ったので、**無借金キャッシュフロー**です。

この方法を続けて、20棟以上の戸建を現金で買い増しました。

30万円で買った物件でも、固定資産評価額を見ると、だいたい300万円以上の評価があります。

あるとき、銀行に保有物件や決算書を提出したら、銀行員さんが食いついてきました。

「若いのに借金をしないなんて、もったいないですよ。これだけの資産を持っていれば、1億円くらい貸し出しすることができます。ぜひ、うちから1億円借りてください」

それを聞いてから、借金をして不動産を拡大していく方針に大きく舵を切りました。

実は、過去に1棟もののアパートやマンションを買うために金融機関をいろいろ回りましたが、何回も門前払いを食らいました。

誰も見向きもしない空き家を買って商品化していくことで、銀行にも事業家として認められたのがとても嬉しかったです。

最初は収益性が低くても、それをひたすらやり続けることが大切です。ひたすら努力して、人よりも圧倒的な量を繰り返すことで、こちらで頭を下げなくても、向こうからお金を借りてくださいと言ってくるようになります。

壁がなくても屋根がなくても、借りる人がいるという現実

みなさん、壁や屋根がない家を借りようと思いますか？

普通に生活していたら、そんなことは誰も考えません。しかし、世の中には、地面に寝ている人もいっぱいいるという現実があります。そして、実際に、**壁や屋根がなくても家を借りたいと思っている人がいる**のです。

読者のみなさんの中に、ボットン便所（汲《く》み取り式便所）のボロボロの家に月数万円の家賃を払って住んでいる人がいるでしょうか。たぶん、いないと思います。

でも、僕のところには、それでもいいから住まわせてほしいという人が山ほど来ます。

大家さんは、基本的に、家賃の取りっぱぐれがないようにしたいので、お金のない人には極力貸したがりません。貸すとしたら、家賃滞納や夜逃げのリスクを回避するために、保証会社の保証を使います。その審査をクリアできない人は、入居することができません。

しかし、保証会社の審査が通らないという人がかなりの数います。引っ越したくても、引っ越すことができないのです（審査が通らない人は、これまでしてきたことが自分に返ってきているだけなので自業自得ともいえます）。

保証会社を通らない人が住む賃貸物件については、**需要があっても供給がない**わけです。

「壁や屋根がない家を貸すなんてありえない」と言う人がいますが、それはその人にとって「ありえない」だけで、**実際は需要がある**のです。

また、**そのような物件を管理してくれる不動産会社もありません。**

ここにも大きな歪みがあります。

この部分をすべて自分でやることで、僕は誰もライバルのいないブルーオーシャンを一人で泳いでいます。もちろん、このオーシャンでのルールは僕がすべて決められるので、ストレスもありません。

ボロボロの空き家をそのまま貸す（リフォーム代ゼロ）

不動産を始めた頃は、僕もＤＩＹでリフォームをしていました。ものをつくるのが好きだったので、とても楽しく補修をして、その様子をフェイスブックやブログにアップしていました。

しかし、だんだん需要のほうが多くなっていき、供給が追いつかなくなりました。

ある日、入居希望者の人から「もう家を追い出されるので、1日も早く住まわせてほしい」と言われました。

そこで、僕はリフォームがまだ終わってない段階の物件を紹介しました。背に腹は代えられません。

「もう、ここまでキレイにしたので、住めると思います。必要なら、あとは自分で直してください」と伝えて、そのまま貸し出すことにしたのです。

そのときに気づきました。

完璧に直さなくても、貸し出しができるな!

最初は8割くらいリフォームが終わった物件を、「これで、よかったらどうぞ」と貸していたのですが、最終的にはまったく直さずに「ここしかありません。ここでよかったら住んでください」と説明し、それでもいいと言う人に住んでもらうようになりました。

残置物がいっぱいある物件でも、もうそのまま貸しています。入居者の方にゴミ捨てをしてもらっています。

家賃は一軒家で2万円など、富山県の家賃相場の半額以下の超激安です。

いわゆる、**Win-Winの関係**です。

僕が家を買うスピードよりも、入居希望者が現れるほうが早いので、いまでは**入居者を見つけてから家を買う**というオンデマンド型の賃貸経営をしています。

つまり、ボロボロの空き家状態のままでも、家賃が安ければ住みたいというニーズがそれなりにあるのです。

この需要が一定数あるにもかかわらず、空き家を直さずにそのまま貸すという話は、僕以外ではあまり聞いたことがありません。そのような物件を安く借りる層は、滞納のリスクなどがあるので、ほかの大家さんはやらないのでしょう。

やはり、**ここにも歪みが発生しています**。

僕はお風呂がない家を月2万円で貸しています。

「いまどき、お風呂がない家なんて借りる人はいないでしょう?」と言われますが、そんなことはありません。みんな勝手に「これが常識だ」と思い込んで、**挑戦しないで終わっているだけ**なのです。

「信頼関係は絶対に裏切らない」ルールをつくろう

批判されるかもしれませんが、僕は賃貸物件に入居者さんに住んでもらうとき、次のように言っています。

「この家は僕の所有物なので、滞納や破壊は絶対にしないでください。嫌だったら、いつでも出て行ってもらってかまいません。僕が嫌がることは絶対しないでください。僕が嫌だと思ったら、出て行ってもらいます」

もちろん、日本の法律では居住権というものが認められているため、僕が自由に追い出すことはできません。家賃の滞納や契約違反などがなければ、入居者に出て行ってもらうのは法律的に困難です。

それでも、「基本的に家賃さえ滞納しなければ、自由に使ってかまいませんが、**信頼関係だけは絶対に裏切らないようにしてください**」と言っています。

日本には、お金を支払う人が一番偉いと思っている人がいます。

僕はそうは思いません。

レストランや居酒屋で、店員さんに偉そうな態度をする人がいますよね。そういう人は「お客様は神様だ」と勘違いしています。度が過ぎると、店側から嫌われて、最悪な場合は出入り禁止になっても仕方ないと思います。

大家と入居者の関係も同じです。大家さんの所有物を、入居者がお金を払って貸してもらっていると考えるのが普通だと思います。

入居者には選択の自由があります。たくさんある物件の中で、僕の家を選ぶのであれば、それでいいし、嫌なら別のところに行ってもらってかまわないというスタンスです。

「大家といえば親も同然、店子《たなこ》といえば子も同然」という言葉を、自分の親くらいの世代の入居者に必ず言っています。困ったことがあったら、なんでも言ってください。家賃を滞納してから言い訳するのではなく、滞納する前に言ってください。困る前に言ってください。僕にはいろいろな知識があるので安心してください。いつもこのように言っています。

それでも、夜逃げをしたり、滞納したりする人が出てくるので、人間というのは不思議でなりません。なぜ夜逃げをする前に教えてくれないのでしょうか。助けてあげられる知識があるのに、と思っています。

自分のルールだから負けることはない

僕は**自分のルールでビジネスをしているので、基本的に損をすることがあまりありません。**

そもそも、あまりライバルもいません。

不動産賃貸業でも物販でも、僕が値段を決めています。

もちろん相場というものはありますが、それは他人の常識の中でつくられたものです。

それは絶対ではありません。

需要と供給のマッチングですべて成り立っているので、そこを理解すればいいのです。

一つのものを売るのに、１００人の共感はいりません。**たった一人でいい**のです。

自分がルールなので、すべて自由に自分が決めることができます。

もちろん、不動産屋さんに管理してもらって、不動産屋さんに客付けをお願いするときは、不動産屋さんの常識に従う必要があります。

しかし、基本的には、**部屋を借りるときのルール、敷金・礼金、部屋の改装のこと、部屋を出るときのルールはすべて自分が決めています。**

これは、僕だけが有利になるようにルールをつくっているわけではありません。入居者さんも僕もＷｉｎ‐Ｗｉｎになるようなルールにしているので、揉《も》めたことは一度もありません。

大きく稼ぐには、自分にしかできないことをしよう

大きく稼ぐためには、**再現性のないことをする**のが効果的です。

再現性とは、誰かがしたことを別の人がやって、もう一度できるかということです。

不動産賃貸業はとても再現性が高いビジネスで、数百年前から存在します。

新築アパートの賃貸など、再現性のある不動産投資もやっていますが、僕の特徴は、やはり、ここで述べたような**再現性のない不動産投資**です。

再現性がないことをすると、ほかに誰もマネをしないので、ライバルが存在しない世界になります。そこでは過当競争といったものはありません。

何かに挑戦するのであれば、ぜひとも再現性のないこと、自分にしかできないことをどんどんやっていき、自分だけのブルーオーシャンを広げていってください。

そのときポイントとなるのは、**「やってみよう！」「俺ならできる！」という強い気持ちを持つ**ことです。

そして、実際にやって、うまくいくと、**自己肯定感が上がっていき、収入も増えるというプラスのスパイラル**に入ります。

ただし、**自分でも再現できないことがあって、また同じことをするのがとても難しくなる**ので、ご注意ください（笑）。

第10章

お金よりも大事な無形資産を築こう

前章で、不動産投資でお金を増やす方法を紹介しました。それとは矛盾するようですが、**僕はお金にそれほど価値を感じていません。**

もちろん、何かを買うときにお金は必要なので、お金は大切だし、あるに越したことはありません。ただ、ある一定以上の収入になると、月5万円で入居者が決まっても、昔ほど嬉しいとは感じなくなりました。いまでは、現金は物との引き換えチケットくらいの認識です。

そして、僕がいまお金以上に増やしたいのが**「無形資産」**です。その資産は自己肯定感ととても深い関係があるのです。

有形資産と無形資産どっちが大事？

日本は資本主義なので、資本がないと生きていけません。

資本として、現金、株、不動産などがあります。これらは**有形資産**です。

例えばお金です。これまでのお金の価値というのは、労働者から見れば、労働時間の切り売り、もしくはストレスの対価として受け取るのが常でした。

僕も児童養護施設で働いていたとき、夜勤をすると1回5000円の手当をもらっていました。深夜勤務に対するストレスや時間外労働の対価としての報酬です。

しかし、サラリーマンという仕事を辞めて、ツイッターやフェイスブック、YouTubeをやっているうちに、この常識は崩れていきました。

いまは、過去の歴史の中でも、最もお金を稼ぎやすい時代です。誰でもお金を得られる時代に突入しています。この新しい時代では、お金を稼ぐのが簡単なので、**お金の価値が総体的に薄まってきています**。

日本は貧富の差が激しい国だといわれています。確かに、貧しい人が大勢います。その一方で、お金持ちも僕らが想像している以上にめちゃくちゃいっぱいいて、日本全体ではお金が余っている状態です。

僕のまわりも、気づいたら、いつの間にかお金持ちばかりです。みなさんフェラーリを普通に持っているので、フェラーリを見せてもらっても昔ほど感動しなくなりました。

こうしたお金の価値が希薄になっていく中で、お金よりも大切なものに気づきました。

それは**無形資産**です。

無形資産とは、自分のスキルや能力、人とのつながり、信頼、友情、影響力などのことです。実際に目に見えるものではありません。

いまの若い人たちは、**お金よりもフォロワー数が欲しい**といいます。

つまりこれは、お金よりも、信用や影響力のほうが価値があると思っているのです。

無形資産を使ってお金を稼ぐことはできますが、**お金を使って無形資産を獲得することは困難です。**

お金が欲しいために、自分の信用を捨てて有形資産の獲得に走ると、結果的にそれまで築いてきた無形資産も有形資産も失う可能性があります。

反対に、有形資産を捨てて無形資産を積み上げていくと、その無形資産を使って、また有形資産を稼ぐことができます。

有形資産なら、失ってたとしても、また稼いで買えばよいのです。現金、株、不動産といったものは、ある程度、自分でコントロールすることができます。

しかし、**無形資産はそういきません。**

無形資産には、**人に奪われにくいという特徴**があります。

奪われない無形資産の代表は、**知識**や**技能**です。

お金や物件は喪失することがありますが、知識や技能は、一度身につければ、なくなることはありません。

人間関係も資産です。

お金でつながった人間関係は、お金がなくなったら、失われていくでしょう。金の切れ目が縁の切れ目です。

お金でない部分でつながっているメンバーなら、お金がなくなったときでも、きっとその友情や人間関係は変わらずに続くでしょう。そうです。これがズッ友です。

僕は富山の若手大家の会のメンバーと仲よくしていますが、お金がなくなって貧乏になっても、この友情が続いていくはずです。もともと出会ったときはみんな貧乏だったので、お金がなくなっても元に戻るだけなのです。

では、無形資産と有形資産のどちらが大事でしょうか？

生活していくためや、自由な時間を得るためには、お金や有形資産が必要です。

でも、**自分の人生を豊かにするには、無形資産が僕には不可欠**です。

お金が好きな人は、お金に重点を置いて求めていけばいいし、お金はそこそこで、無形資産があるほうが人生豊かになると思う人は、**お金と無形資産の両方を大事にしていけばいい**のではないでしょうか。どちらが正しいということはありません。

お金がない人が「世の中、お金じゃないよな」と言うのは、まったく説得力がありません。ある程度は物質的にも豊かになった上で無形資産を築いていったほうが、人生は豊かになると思います。

一番大事なのは、**自分の心に素直になる**ことです。

自分がどうなりたいのか、自分にとっての豊かさとは何かを客観的にしっかり見つめて、それに向かって歩んでいきましょう。

無形資産があれば、お金がなくても欲しいものが手に入る

大家業界で最高クラスの無形資産を持っている僕は、無形資産で家を手に入れることができました。

正確には、**家をお誕生日プレゼントでもらいました。**

ある日、新潟のズッ友であるレイシー（ハンドルネーム）から「お誕生日にプレゼント何が欲しい？」と聞かれたので、「家が欲しい」と言ったら、本当に家をくれたんです。

さすがに「そんなのもらえないよ」と遠慮しましたが、レイシーは「ぜひ、もらってくれ。そして、一生ネタとして使ってくれ」と言って、有無を言わさず、家をプレゼントしてくれました。

これぞ**無形資産の極み**です。

実際に、物件を見に行くと、**天井には謎の四足歩行の動物が住む、完全に廃墟《はいきょ》**

と化したド田舎の家でした。そんな物件でも無事に入居者が決まって、毎月、家賃1万円のお小遣いを生んでくれています。

自分がいらないゴミをポールに押しつけたという噂もありますが、こうして本のネタにもなっています。レイシー、ありがとう。ズッ友だよ！

そんなエピソードを引っ提げて、全国各地にセミナーに行くと、いろいろな人たちにかわいがってもらえます。帰るときには、**両手にいっぱいのお土産《みやげ》**です。

みなさま、ありがとうございます！　僕もほかのセミナーに参加するときは必ず手土産を持っていきます。

もし僕が無一文になっても、みなさんのところに行って、「今日、ラーメンをおごってください」と土下座すれば、しばらくは食べていけるような気がしています。

2018年、ズッ友のふんどし王子と一緒に、ビジネスクラスに乗って、世界一周旅行に行きました。資金はふんどし王子が**クラウドファウンディングで集めてくれました**。出資者への特典は「僕らが講師を務めるセミナー開催権」です。それで、なんと

250万円ものお金が集まったのです。
これは、ふんどし王子の無形資産を僕が借りた形といえます。
おかげで、全国をセミナーで回って、楽しい日々を送らせてもらっています。ふんどし王子にも、協力してくれたみなさんにも、心から感謝しています。

クラウドファウンディングでお金を集めるとき、ふんどし王子は批判されるのを覚悟して挑戦してくれました。
「お礼にセミナーをやるので、僕らが世界一周に行くお金をカンパしてください」という感じにもとれたので、さまざまな人から「旅行くらい自分のお金で行きなさい」と言われてきました。自分でも「うむ、確かにそうだな」と思うくらいの正論なので、ぐうの音も出ません。

それでも、これを思い切ってやって成功させたふんどし王子は、本当にすごいと思います。とても勇気のいることです。

そして、何よりも思うのが、クラウドファウンディングをした人を批判する世界よりも、クラウドファウンディングを応援する世界のほうが、僕にとっては完全に楽しいのです。

他人を批判するよりも、他人を認めて肯定し、そんな自分も認めて肯定していくほうが人生は面白くなります。

無形資産という自分の信用を現金化できるクラウドファウンディングは、これからの時代、もっともっと一般的になるのではないでしょうか。

無形資産を持っている人は、**自分でお金を貯める必要がない**時代が来るかもしれません。

誰でも、自分のできることで人の役に立つことがあると思います。そこを磨き、尖《とが》らせることが、お金を増やすこと以上に大切になる時代が来ているのです。

情報を発信することで無形資産を育てる

ツイッターのフォロワー数だけでなく、**つぶやく内容そのものも無形資産**です。

ツイッターの使い方を見ていると、その人の自己肯定感がわかります。

僕は他人に言われても気にしませんし、自分も他人も認めているので、人を批判することは基本的にしません。なので、僕のツイッターやSNSは、攻撃性がほとんどなくて楽しい内容になっていると思います。

自己肯定感が低い人は、ツイッターでも自分を卑下したりしています。

自己肯定感を上げたい人は、まずツイッターの内容を肯定するような内容に変えてみてはいかがでしょうか。類は友を呼ぶので、とても楽しいSNS生活になるでしょう。

ツイッターはとくにそうですが、自分の発言は鏡となって、そのまま返ってきます。パンチが欲しければパンチを与えようです。「素晴らしい」「最高ですね」とほめていると、「ありがとうございます」という感謝の気持ちが返ってきます。「うるさい」「消えろ」と言えば、「お前が消えろ」とか言われることでしょう。

ツイッターやＳＮＳでは相手の顔が見えないため、リアルな世界よりも好き勝手になんでも言うことができます。ここでも、やはり**自己肯定感が高い発言をしているほうが、自分の自己肯定感を高いところに持っていくことができます。**

フォロワー数をお金で買う人や、フォローしてくれたらフォローバックしますという手法で何万人もフォロワーがいる人がいますが、よく見てみるとツイートに対する「いいね」の数はほぼゼロです。

それは、実質的に、自分の発言を誰にも見てもらえていないということなので、発言に対する影響力や価値は生まれていません。

ＳＮＳは自分のファンをつくるファンビジネスのような側面があると思っています。そして、自分のファンになってくれたらいいなと思っています。

なんの反応もない１万件のツイートよりも、**人の心を動かす１件のツイートのほうがずっと価値があります。**

どんなお金持ちでも、マインドがダメならじり貧になる

「成功者マインド」という言葉を聞いたことがあると思います。

マインドとは、心や精神といった意味です。事業の成功で必要になる考え方や知識、すべきことを総称して「マインド」と呼ぶこともあります。

有形資産でも無形資産でも、それを築いていくには、**マインドがどの方向に向かっているか、どういうマインドを持っているかがとても重要**になります。

お金だけを持っていても、**このマインドがないと、騙されたり、正しいお金の使い方ができなくなったりします。**

スルガ銀行の不正融資問題が、去年、不動産投資業界で話題になりました。

これは、お金の欲に溺れて自分で勉強をせず、金儲けさえできればいいといった「目先

の金儲け」に走った末の**正しくないマインドが生んだ事件**だと思います。

すごく不思議なのは、自分も不正に加担した側であるにもかかわらず、スルガ銀行に「お金を返せ」と言っている人がすごく多いことです。失敗したら人のせい、お金を損したら人のせいというマインドがある限り、成功するのは難しいのではないでしょうか。「自分のやることは自分で決めている」という自覚があれば、人のせいにするという発想は出てきません。

事業で成功した人や人格者と言われる人は、決して人のせいにしたりしません。

僕は、常識は誰かがつくったもので、「他人の常識は僕の非常識」と思っています。基本的に、全部、僕がルールで、僕の常識の中で生きています。

もちろん、それを人に押しつけるつもりは一切ありません。

だから僕も、押しつけられたくありません。

その代わり、**自分のやったことの責任は、自分で取ります。**

この意識がない人は、信用を築くことができず、普通にビジネスで失敗していくと思います。仮に、一時的にお金持ちになっても、じり貧になっていくのではないでしょうか。

たとえお金持ちになることはできても、**お金持ちのままであり続けることができない**ということです。

お金持ちになるためには信用が大事

無形資産の話をしてきましたが、**信用は無形資産の中で最も価値のあるものの一つ**です。

僕のまわりにいる成功している人たちは、信用が厚い人ばかりです。信用がないと、銀行からお金を借りることもできません。そして、信用がまだ薄い状態だと、成功した仲間と深く付き合うこともできません。

信用はどこから来るのでしょうか。

信用というのは、そもそも自分の心を開かないと築けないものです。自己肯定感が高い人は、自分の心を開くことを嫌だと思いません。

逆に、自己肯定感が低い人は、自分のことを大きく見せようとしたり、自分を強く見せようとしたりして、偽りの仮面を被っているため、心を開くことに臆病になります。

嘘がばれるのが怖いからです。

自己肯定感が低い人は、偽りの姿がばれて、人から小さく見られることを恐れています。まわりの人は、別に小さく見ているわけではありませんが、本人はそのように思い込んでしまうのです。

本当はそのままの自分でも十分に価値があるのに、それに気づくことができません。

児童養護施設の子供たちは、自分を大きく見せようとして、持っていないおもちゃを持っていると言って、他人からの評価を得ようとしますが、結果的には信用を失うことがとても多くありました。

それを横で見ていて、とてもつらかったです。

自分が親と別々に暮らしているというコンプレックスからか、他人よりも大きく見せようと必死になっていました。しかし、大きく見せようとすればするほど、友達からの信用を失っていったように見えます。

お金持ちになるためには信用が重要です。

信用を築くことは、それほど難しいことではありません。**嘘をつかない。約束を守る。人の悪口を言わない。「ありがとう」を言う。義理人情を大切にし、受けた恩は忘れず、常に感謝する。**そして、**それを続けることです。**

人からの信用を得られると、自己肯定感も上がっていき、積極的に行動できるようになります。それが成功への第一歩につながっていくのです。

「あいつ狂っている」は最高のほめ言葉

僕は自分のやりたいように生きてきた結果、有形資産も無形資産もたくさん築くことができました。とても恵まれていると思います。

それと同時に、やりたいことをやりすぎたせいか、**「あいつはおかしい」とまわりから言われるようになりました。**

みなさん、「あいつは狂っている」と言われたらどう思いますか？

僕はとっても嬉しいです（笑）。

人と一緒だと言われるほうが、僕は嫌なんです。僕は「頭が狂っている」というのは最上級のほめ言葉だと思っています。言われて嬉しくない言葉は「普通だね」です。

児童養護施設に勤めていたとき、「あいつは狂っている」と言われている子がいました。僕はその子に「どんどんやれ。それがお前のいいところだ」とほめていました。

ほかの人と違っていてもいいのです。

誠実であることと、やりたいようにやることは、矛盾しません。好きなように生きることと、マジメに生きることも、矛盾しません。

信用を積み重ねながら、狂ったように生きることは可能です。

ぜひ、みなさんも自己肯定感を高めて、「あいつは狂っている」と言われるまで自分を尖らせてみてください（法律の範囲内でお願いします）。そして、**自分の中の天才を開花させる**のです！

［著者］

ポール

社会福祉投資家。1983年、富山県生まれ。2005年、大学卒業後、児童養護施設の職員になる。児童養護施設の職員という専門性の高い職種の中で、自己肯定感の大切さに気づき、子供たちの自己肯定感を育むような関わり方を実施。施設の児童や職員から絶大なる支持を得るようになる。

薄給の職場であったため、お小遣い欲しさから本業の傍らガテン系のアルバイトを始めるが、アルバイト中に血尿が出たことで別のお金儲けの道を探る。地元富山の投資家たちとの出会いから、不労所得で稼ぐ投資家を志す。ここで、自己肯定感に裏打ちされた、常識破りのクレイジーマインドを開花させる。

新築アパートを完成させたものの、なかなか埋まらず、破産回避のために始めたメルカリで500万円ほど稼ぎ、一時は「メルカリ大家」と呼ばれる。その後、古くて空室率の高い物件を買い、DIYで直して貸し出す手法を確立。クレイジーマインドを爆発させ1年で16戸の家を買い、すべて自分で直し、入居者も自分で見つけてくる。戸建、アパート、ビルなど「価値より安い」ものを次々と購入。屋根のない家や壁のない家など、通常では考えられないような物件を買っては、斜め上をいく発想で問題を克服し、高収益投資を実現している。

ツイッター　https://twitter.com/crazymind_poul
ブログ　http://poul924.blog.fc2.com/
YouTube　https://www.youtube.com/channel/UC4-cuf9tszX1U4xeqETzciQ

手取り17万円の勤め人が
「僕ちゃん天才」と言い始めたら
年2400万円稼げた超成功法則

2019年９月18日　第１刷発行

著　者――ポール
発行所――ダイヤモンド社
〒150-8409　東京都渋谷区神宮前6-12-17
http://www.diamond.co.jp/
電話／03･5778･7234（編集）　03･5778･7240（販売）
装丁――渡邉雄哉（LIKE A DESIGN）
DTP――荒川典久
編集協力――加藤浩子（オフィスキートス）
製作進行――ダイヤモンド・グラフィック社
印刷／製本―三松堂
編集担当――田口昌輝

ISBN 978-4-478-10899-4